Alexandre C. Zaffari

BIOCONSTRUINDO
CASA, CORPO E CONSCIÊNCIA

Copyright© 2023 by Literare Books International
Todos os direitos desta edição são reservados à Literare Books International.

Presidente:
Mauricio Sita

Vice-presidente:
Alessandra Ksenhuck

Chief Product Officer:
Julyana Rosa

Diretora de projetos:
Gleide Santos

Chief Sales Officer:
Claudia Pires

Capa:
Alexandre C. Zaffari

Diagramação:
Gabriel Uchima

Impressão:
Trust

Dados Internacionais de Catalogação na Publicação (CIP)
(eDOC BRASIL, Belo Horizonte/MG)

Z17b Zaffari, Alexandre C.
 Bioconstruindo casa, corpo e consciência / Alexandre C. Zaffari. – São Paulo, SP: Literare Books International, 2023.
 160 p. : foto. ; 14 x 21 cm

 Inclui bibliografia
 ISBN 978-65-5922-652-8

 1. Construção sustentável. 2. Sustentabilidade. I. Título.
 CDD 690

Elaborado por Maurício Amormino Júnior – CRB6/2422

Literare Books International.
Alameda dos Guatás, 102 – Saúde– São Paulo, SP.
CEP 04053-040
Fone: +55 (0**11) 2659-0968
site: www.literarebooks.com.br
e-mail: literare@literarebooks.com.br

BIOCONSTRUINDO
CASA, CORPO E CONSCIÊNCIA

SUMÁRIO

CASA: COMO CONSTRUIR
COM SUPERADOBE...16

CORPO: APRENDA A SE
CONCENTRAR E ELIMINAR
PENSAMENTOS..56

CONSCIÊNCIA:
APRENDA A MEDITAR 122

GALERIA DE IMAGENS 152

ÍNDICE ÚTIL

Primeiro, o essencial

Consciência espiritual 122

Base ou preparação 61, 119, 125

Eliminar pensamentos indesejados 87, 129

- A auto-observação 89
- A não identificação 84, 88, 91, 130
- A força da Mãe individual 92, 103, 129
- Exemplo 93
- Memória-trabalho 97, 132

Desenvolver a concentração 67

- Atenção no que está fazendo 68
- Transmutação das forças cósmicas 69
- Bosque mágico do coração - exemplo de prática 71
- Mantra OM Mani Padme Hum 72
- Ativação dos chakras 73

Estar consciente quando dorme 76

- Desdobramento Astral – pineal e coração 75, 79
- Desdobramento com palavra mágica 81
- Sinais do desdobramento 81
- Saída em astral com o saltinho e o assombro 84
- Ter algo na mão durante o dia a dia 78

Recordar experiências... 86

Compartilhar ensinamentos 113

Vida mais natural 63

Meditação para despertar a consciência 134

- Prática com som da pineal 135
- Prática com Koans 136
- Prática com Esfinge egípcia 138
- Prática com imagem 138
- Prática com exclusão de pensamentos 139
- Prática com concentração no coração 140

Símbolos nos sonhos 62, 142, 146

Não Evolução – Sim, revolução da consciência 142

Síntese 146

O essencial 147

Defeitos na construção da primeira etapa 149

Corpo parte espiritual e parte material 56

Vantagens de bioconstruir o corpo 97

Segredo alquimista 99

Amor e sexo 102

Pistas iniciais da prática 104

As glândulas endócrinas 108

Tipos de práticas sexuais 109

Não mecanizar o sexo 111

Não fanatismo 114

Não mitomania 115

O corpo é um templo exclusivo 116

A saúde por Paracelso 116

Defeitos na primeira construção 119

Casa material 16

Bioconstrução / Permacultura 18, 22

Material utilizado 21

Base ou preparação (terra e postes de rua) 23

Pneus (usados) 25

Superadobe (terra ensacada) nas paredes 24

Viga de amarração no topo 32

Forro e telhado 32

Caixas de leite (Tetra Pak) e isopor (reutilizado) 33

Aberturas para o céu 33

Aquecimento solar da água caseiro e comercial............... 34

Piso com cimento e cola branca 37

Reboco ondulado / tela de galinheiro............................. 37

Acabamento interno 38

- Mosaico de granito (sobras) nos banheiros............... 38

- Aproveitamento de sobras de postes 39

- Frases nos degraus da escada................................... 39

- Chapas de câmara fria (usadas) como divisória 40

- Uso de bambus 40

Vidros temperados (reutilizados)..................................... 41

Tratamento do esgoto com bananeira 42

Muro, horta e escada de pneus (usados) 42, 43

Plantas frutíferas são ecológicas e sustentáveis 42

- Adubo caseiro 43

Plante flores, elas alimentam abelhas e almas.................. 43

Símbolos - Chakras de granito (sobras) 44

Peixes com muita água trazem vida................................. 45

Pássaros livres trazem liberdade 46

Pedra, espada e lança trazem força contra o mal 46

Captação da água da chuva 46

Piscina – caixa d'água 5 mil litros (usada) 47

Granito nas calçadas (sobras) 47

Cruz Egípcia – símbolo de vida 47

Reportagens 48

Defeitos na construção e observações 49

Galeria de imagens **152**

O ser humano busca seu lar.
Essa busca vai muito além de paredes,
lugar para morar ou forma de não pagar aluguel.
A casa que buscamos é a representação exterior
de algo que interiormente necessitamos.
É a busca por um porto seguro
onde abrigar e manifestar a alma.

A alma necessita de uma consciência elevada,
a consciência necessita de um corpo apropriado;
o corpo precisa ser transformado.
Alimento de qualidade, roupas, alegrias, algum dinheiro e
uma casa. Isso é tudo que é preciso neste mundo material,
o de mais deve ser selecionado para que não nos torne
escravos e impeça o avanço rumo à autorrealização.

(O autor)

Para recolher o ensinamento que agora está na sua frente, foram precisos muitos esforços ao longo de anos. **Não tenha pressa em ler, e releia este livro.** Entenda o ensinamento que só os buscadores encontram além das palavras. **Reflita, compreenda e pratique.** A diferença entre quem leu e quem sabe de verdade é a prática. A experiência contínua é que traz o real conhecimento.

Conheça!

(O autor)

À Grande Rainha da Natureza,
Mãe Natureza,
Mãe Divina,
Kundalini,
Kali,
Artêmis,
Diana de Éfeso,
Atena,
Gaia,
Isis, sem a qual nenhuma bioconstrução é possível.

E à sua expressão no mundo físico:
a mulher.

Sem o feminino divino e humano não há nascimento,
não há beleza, não há mundo, não há nada.

CASA

Bioconstruindo o lugar para o corpo viver

1

Depois de muitas andanças por mais de 200 cidades de 17 países, tendo morado em 27 lugares, trabalhado como vendedor, bancário, empresário, faxineiro, panfleteiro, pintor, garçom, entregando carros... após uma separação e um novo casamento, tudo resultando em aprendizados importantes compartilhados no livro *33 anos descobrindo ensinamentos* (Literare Books International), senti juntamente com a esposa a necessidade de ter um lar, e conversando com um amigo que voltava de um curso onde viu sobre superadobe, resolvemos construir utilizando essa técnica.

Não tínhamos muito dinheiro, então, essa forma veio a calhar por ser barata, além de, é claro, ser diferente do padrão e ter relação com a natureza onde a casa seria feita: um sítio num local muito próximo da cidade.

Os materiais eram arame farpado e bobina de ráfia, que afinal é um saco tipo o de milho ou adubo, só que não é cortada e nem costurada, senão que é sem fundo de uns 300 m de comprimento. Porém nossa vontade ultrapassou esses materiais, sempre mantendo o foco em bioconstrução que, embora não soubéssemos o que significava, tínhamos inerente em nosso jeito de ser e, assim, fomos utilizando o que surgiu ao nosso alcance durante a obra.

O que é uma bioconstrução?

Bioconstrução é o termo utilizado para se referir a construções onde a preocupação ecológica está presente [...], as bioconstruções valem-se de materiais que não agridam o ambiente de entorno, pelo contrário: se possível, reciclam materiais locais, aproveitando resíduos [...]. Todo projeto foca ao máximo aproveitamento dos recursos disponíveis com o mínimo de impacto.

O tratamento e reaproveitamento de resíduos, coleta de águas pluviais, uso de fontes de energia renováveis e não-poluentes, aproveitamento máximo da iluminação natural [...] são exemplos de preocupações na concepção desses projetos. A residência nas bioconstruções também segue a filosofia de responsabilidade ambiental dos seus ocupantes.

Fonte: https://pt.wikipedia.org/wiki/Bioconstrução

Ampliando o conceito:

[...] Utilizar materiais de uso local que poupam a poluição gerada no transporte de outros itens e beneficiam a economia é outra atitude que faz parte desse sistema.

Materiais utilizados na bioconstrução:

Terra: a terra é um material abundante e que existe em diferentes locais. Na bioconstrução, ela pode ser usada de diversas formas, como em paredes de taipa e adobe. As construções de terra crua compõem ambientes ventilados, já que controlam a entrada e saída de calor e a umidade. Além disso, a terra tem um baixo impacto ambiental.

Pedra: [...] podem ser utilizadas para diversos fins, como a construção de paredes, muros e fornos. Na bioconstrução, as pedras também são muito utilizadas para a fundação da casa, servindo para apoiá-la no terreno.

Palha: [...] é um material de construção muito útil. [...]

Madeira: [...]considerada um recurso renovável se [...] houver uma exploração adequada das matas e florestas [...], para ter durabilidade, (o material) deve ser tratado. [...]

O bambu é uma opção de madeira ecológica que pode substituir a madeira na bioconstrução.

As principais vantagens da bioconstrução são:

- *Redução da quantidade de resíduos gerada;*

- *Redução do consumo energético;*
- *Troca de conhecimentos na comunidade;*
- *Preservação do meio ambiente.*

Etapas de um projeto de bioconstrução:

Estudo e aproveitamento dos materiais locais:

A primeira etapa de um projeto de bioconstrução é verificar e entender quais são os materiais disponíveis na região e de que forma eles podem ser aproveitados. Também deve-se levar em conta o clima, o tipo de solo e a localização do terreno, entre outros fatores [...].

Tratamento de resíduos:

Em um projeto de bioconstrução, os resíduos podem ser reaproveitados para gerar novos recursos [...].

Conforto térmico e proteção da chuva:

[...] os profissionais envolvidos no projeto devem estudar o melhor tipo de telhado para evitar a infiltração de água da chuva. É recomendado construir casas com telhados bem inclinados e beirais grandes para facilitar o escoamento da água.

Em regiões com calor intenso, um telhado verde pode ajudar a deixar a temperatura dentro da casa mais amena. Criar aberturas que permitam uma maior circulação de ar é uma outra opção. Além disso, árvores e plantas ao redor da casa também ajudam nesse sentido, pois criam um microclima de umidade, deixando o ar mais fresco [...].

Fonte: https://www.ecycle.com.br/bioconstrucao

Materiais utilizados em construções de superadobe:
- Bobina de ráfia, ou algum tipo de saco;
- Terra ou areia;
- Arame farpado;
- Socador;
- Funil.

Materiais utilizados nesta casa:
- Bobina de ráfia;
- Terra (aproveitada de uma terraplenagem próxima);
- Arame farpado;
- Socador (feito no local com sobras);
- Funil de 250 mm (cano de PVC reaproveitado);
- Postes de madeira (reutilizados);
- Pneus de automóveis (usados);
- Garrafas de vidro de várias cores (usadas);
- Postes de concreto (reutilizados de uma cerca);
- Madeira de demolição;
- Sacos para embalar areia (usados);
- Cabos de aço (usados);
- Caixas de leite (usadas);
- Chapas de câmara fria (usadas);
- Bambus (cortados do próprio local);
- Vidros temperados (descarte da fábrica);
- Fios para conduzir energia elétrica;

- Pedaços de granito (descarte de marmorarias);
- Janelas de madeira com vidros;
- Forrinho de cedro;
- Tela de galinheiro e pinteiro (algumas usadas e outras novas);
- Pinos de ferro (sobras reaproveitadas);
- Cimento;
- Areia;
- Brita;
- Telhas de aluzinco;
- *Parquets* (reutilizados), substituídos depois por porcelanato;
- Sistema solar de aquecimento e armazenagem de água quente;
- Caixa de água de 1.000 litros de PVC;
- Caixas de água de fibra (5 e 10 mil litros);
- Isopor (reutilizado);
- Tijolos (que havia no local).

Tivemos que aprender também os conceitos de sustentabilidade e permacultura. Sustentabilidade vem do latim *sustentare*, que significa sustentar, apoiar, conservar, cuidar. Permacultura é uma filosofia de trabalhar com a natureza e não contra ela. É uma filosofia de observação prolongada e contemplativa que culmina em uma atividade com muitas funções.

Esses conceitos estão intimamente relacionados, pois, por exemplo, armazenar a água da chuva que cai no telhado para, posteriormente, regar, com queda natural, uma horta e/ou abastecer o bebedouro dos animais é algo que você faz uma ação e esta tem várias utilidades: a água vem da chuva e, portanto, não tem custo, não tem impacto ambiental, não necessita transporte e não gera poluição. Não precisa energia elétrica ou vinda de combustíveis fósseis para levar a água até a horta e ainda ajuda para que não seja despejada toda de uma vez no solo, o que causaria inundações.

Esses conceitos são bonitos e interessantes, mas nós não sabíamos nada disso, exceto que, na visão que tínhamos do mundo, estavam incluídas muitas dessas situações, mesmo que apenas pensássemos em construir um lar.

Também não tínhamos a experiência necessária com o material, e o amigo que deu as dicas iniciais foi para o exterior e ficou sem contato, mas não nos intimidamos e acertamos com um pedreiro jovem e responsável, que pensava antes de fazer e tinha bastante vontade de trabalhar, e vieram alguns ajudantes – quase todos do sistema semiaberto da penitenciária – sem qualquer contato anterior com os materiais.

Curioso era quando os conhecidos visitavam o local e perguntavam como seria a casa, já que estávamos colocando 33 postes de madeira – desses de rua, que sustentam os fios de energia e as lâmpadas para a iluminação pública por anos e anos, até serem substituídos por postes de concreto. Esses postes eram rachados e tinham furos, o que dava uma aparência não muito bonita, mais ainda porque ficariam à vista.

Eu respondia a essa pergunta de como seria a casa dizendo que utilizaríamos terra, sacos de ráfia, arames farpados, postes e o que mais encontrássemos com pouco impacto ambiental, baixo custo e boa durabilidade.

Então alguns diziam que não ia dar certo, que ia desmoronar e blá-blá-blá, e eu ficava com receio de eles estarem com a razão. De forma que reforçamos além do que seria o normal em construções com essa técnica.

Os próprios postes, além de não existirem em construções de superadobe, já eram tratados como produtos para aumentar a durabilidade pela companhia elétrica antes de sua colocação na rua, e esses produtos não desaparecem ao longo do tempo, mas na parte que seria enterrada, passamos uma camada de piche quente para reforçar a proteção (imagem 1).

Essas críticas vieram também de alguns engenheiros e arquitetos amigos que queriam fazer o projeto da nossa casa, mas quando souberam que pretendíamos utilizar materiais tão diferentes do convencional, desistiram. Com isso, foi necessário estudar *softwares* de computador para poder fazer o projeto nós mesmos e o pedreiro seguir (é necessário deixar o agradecimento ao pedreiro).

Poderíamos ter feito o projeto no papel, mas ficaria suscetível a muitos erros e esquecimentos, e no computador fica mais organizado. Embora sempre se esqueça algo, ainda mais quando não se tem muita experiência. Uma tomada a mais, lâmpada em lugar diferente, ponto de água faltante, por exemplo. Então, reflita bem sobre o projeto, de preferência ao longo de um mês ou mais, e se for possível fazer um projeto em 3D da sua futura casa, faça.

Colocamos primeiramente os postes (imagem 2). Depois cavamos 1,5 m, onde passariam as paredes (isso foi reforço extra, mas ao longo do tempo vimos que era importante), e viemos compactando com um socador manual feito com um pedaço de poste com duas madeiras na lateral que serviam de cabo.

Colocávamos uns 3 ou 5 cm de terra e socávamos tudo, depois mais 5 cm e socávamos novamente (os entendidos chamam de apiloamento), até que chegamos na altura onde começaria a casa.

Era a base, a preparação que é muito importante em qualquer construção e, às vezes, é requisito indispensável. Quanto mais atenção você dá à preparação, menos incômodos no futuro. Lembre disso.

Quase completada essa parte, surgiram os pneus de automóveis (imagem 3) que já tinham rodado por milhares de quilômetros e agora poderiam descansar sendo parte da base da casa.

Esses pneus foram conseguidos no Ecoponto Municipal, com autorização da Prefeitura, e dentro deles socamos terra com uma marreta. Em cada pneu eram colocados cerca de três carrinhos de mão de terra. E assim foi sendo feita uma carreira de pneus que marcaram o início de cada parede externa (imagem 4).

Após isso, iniciamos a segunda carreira de pneus, de forma que cada pneu dessa segunda carreira se suportava nas metades de dois pneus da primeira carreira.

Não posso deixar de relatar a inteligência dos animais, no caso de uma cadelinha nossa. Ela viu que pegávamos um pneu e colocávamos no lugar e, em seguida, encontrou um pneu de um carrinho de brinquedo que veio junto com a terra e carregou com a boca (imagem 5) para colocar junto aos nossos.

Ao completarmos a segunda carreira, aparecia o delineamento da casa. Os amigos diziam que era bem estranho, porque em vez de ter uma base de concreto, tínhamos duas carreiras de pneus antiterremotos.

Mas uma das funções dos pneus era a mesma do concreto: não permitir que a água subisse por capilaridade e gerasse infiltração crescente. E por insistência do pedreiro, o concreto apareceu:

Cortamos um pedaço de 4 ou 5 m da bobina de ráfia, que foi dobrada em uma das pontas (para transformar o pedaço em um saco com fundo) – o pessoal que constrói com essa técnica chama de envelopamento.

Na ponta aberta, introduzimos um pedaço de uns 40 ou 50 cm de cano de PVC de 250 mm (imagens 6 e 8) para fazer de funil, dentro do qual despejamos baldes e baldes de areia, brita e cimento na proporção de 5 x 1, além de um mínimo de água (concreto quase seco), que foram enchendo o saco que ia sendo conduzido para ficar em cima dos pneus.

Quando sobraram sem encher uns 30 cm da ráfia, fizemos novamente o envelopamento, de forma que a parte vazia do saco ficou sob a parte cheia.

Logo cortamos outro pedaço de 4 ou 5 m e seguimos da mesma forma até completar o perímetro da casa onde já estavam os pneus.

Feito isso, utilizamos o socador (imagem 7) para compactar o máximo possível o conteúdo do saco, e logo colocamos um fio de arame farpado sobre a carreira de sacos (imagem 8). Esse arame foi preso em cada um dos postes que havíamos colocado anteriormente (imagem 9) – talvez fosse desnecessário prender nos postes e iniciar com concreto, porque casas de superadobe não têm postes e são de terra, mas vai saber... queríamos segurança.

Lá fomos nós para a segunda carreira – chama-se fieira – de sacos de ráfia com concreto quase seco, que ao final foi socada (imagem 10), depois veio o arame farpado, que foi novamente preso em todos os postes.

Assim seguiu (imagem 11), com a diferença que, a partir da terceira fieira, colocamos apenas terra dentro dos sacos e sobre algumas delas utilizamos dois fios de arame farpado em vez de um só.

Quando chegamos à altura do final de nossas pernas, deixamos espaço para as janelas e seguimos com o processo. Logo em seguida, resolvi colocar garrafas coloridas na parede para iluminar o interior ao nascer e pôr do sol (imagem 12 mostra a iluminação vinda de fora com a casa já mais desenvolvida). Para fazermos isso, cortamos duas garrafas de vidro e juntamos as partes cortadas dentro da parede. Ao redor delas, enrolamos uma caixa de leite para que o alumínio fizesse refletir mais os raios solares.

Como a parede com esse tipo de construção fica com a espessura de 36 a 40 cm, as duas garrafas preencheram do lado interno ao externo da parede.

Para brincar um pouco, fizemos um desenho de uma serpente com as garrafas na parede Leste e outra na Oeste, de forma que, se juntássemos as duas paredes, as duas serpentes iluminadas em tempos diferentes fariam o desenho do Caduceu de Mercúrio, utilizado como símbolo das Ciências Contábeis e da Medicina – embora em alguns lugares a Medicina utilize o bastão de Asclépio como símbolo (com uma serpente apenas), mas ambos os símbolos têm o mesmo significado.

Esse significado vai muito além da cura, regeneração e sabedoria. Trata-se das testemunhas do que os orientais chamam de Kundalini e alguns ocidentais chamam de Mãe Divina, uma energia poderosa que está dentro de nós e pode ajeitar nossa casa, nossa energia, nosso corpo, nossas dívidas cósmicas e eliminar características desagradáveis que temos. Mas isso de Kundalini é assunto para outro capítulo, porque aqui estamos falando de coisas materiais e o ser humano em geral gosta de separar o espiritual do material.

Na parede Norte, não foram colocadas garrafas nem aberturas, porque é a parede onde deve ficar a cabeceira da cama. Os Mestres de sabedoria nos ensinam que, deitando-se com a cabeça para o Norte, nosso sono é melhor, e se a pessoa for praticar meditação, poderá aprofundar mais. Opa, novamente estamos falando de algo espiritual, mas é porque sem o espiritual o material fica vazio, oco e sem graça.

Voltando à construção, na parte superior de cada abertura foram colocados lado a lado, horizontalmente, dois palanques de concreto (imagem 13) recolhidos do próprio sítio. Em seguida continuamos enchendo os sacos com terra (imagens 14 e 15), inclusive sobre os palanques.

Quando chegamos à altura de 3 m, correspondentes ao primeiro andar, alguém falou que tinha sido demolido um pavilhão antigo na cidade. De lá vieram pranchas de pinheiro de primeira, e com elas foi feito todo o piso do andar superior (imagem 16), os caibros do telhado e a bancada da cozinha.

Essas pranchas tinham um carimbo que dizia o nome da madeireira e o ano da venda: 1949. Isso é reaproveitamento e reciclagem. Porém, se fosse hoje, teríamos que utilizar outro material, porque depois que surgiu a moda de madeiras de demolição, essas pranchas passaram a custar um valor incompatível com a bioconstrução.

Nessa altura, soubemos que uma fábrica de vidros temperados tinha no depósito muitos vidros de diversos tamanhos, os quais haviam sido descartados por conterem falhas – falta de um furo constante no projeto, por exemplo. Mas para nós isso não era problema e poderíamos utilizá-los onde quiséssemos. Trouxemos 72 vidros que seriam utilizados em algum lugar na casa.

Dois deles foram colocados um sobre o outro no meio do piso do andar superior, de forma que do segundo pavimento se pode ver o primeiro e entra luz natural, clareando a parte térrea.

Terminado esse pavimento, descobrimos por que não existiam outras casas com mais de um piso construídas com superadobe... se torna trabalhoso e perigoso levar terra até o funil que vai sendo conduzido sobre a alta parede e também há perigo ao apiloar (imagem 15). Porém, o principal motivo é o peso, pois foram utilizadas na construção 33 cargas de caminhão (imagem 55), num total aproximado de 700.000 kg, ou seja, 700 toneladas de terra que seriam somadas aos outros materiais para serem suportados sem vigas de ferro e concreto.

No nosso caso, uma parede inclinou um pouco e, por sorte, ficou bonita dessa forma e não causou preocupações, mas na hora de construir o peso, deve ser considerado como risco, pense que pode aparecer umidade no solo ou as raízes de uma árvore mexerem na base. Ou, pior ainda, pode desmoronar uma parede, causando acidentes graves ou fatais.

Continuamos, e perto do final do andar superior, terminou a bobina de ráfia. Enquanto pensávamos em como resolver, surgiu uma situação inusitada... um João de Barro fez ninho no topo de um dos postes que serviam de colunas para a casa (imagens 14 e 18).

Se continuássemos, os filhotes seriam perdidos, então, esperamos dois meses para eles saírem e podermos seguir com a casa (a bem da verdade, tenho que dizer que não foram somente fatores emocionais com a natureza que nos fizeram esperar os pássaros crescerem e saírem... para a sorte deles, faltou mão de obra nesse tempo).

Mas, com a obra parada sob o sol e a chuva, muitos sacos rasgaram-se e a casa ficou com um aspecto feio, que eu chamava de "o fantasma". Mas independentemente do nome dado, isso gerou um agravamento das críticas.

Porém, retomamos os trabalhos utilizando, no lugar da ráfia, sacos de areia (imagem 17), ou seja, sacos em que é transportada a areia nos trens até esta cidade. Seria dar uma reutilização para os sacos e não foi difícil de consegui-los.

Logo chegou a hora de colocar os caibros, para os quais foi utilizado parte daquela madeira de demolição. Após isso, o pedreiro deu a sugestão de fazer uma amarração que prendesse todos os caibros e postes para que a casa não se deslocasse para um dos lados. Essa ideia veio da viga de amarração utilizada na construção em alvenaria convencional, a qual ele conhecia.

Gostamos da ideia e aproveitamos que nos postes adquiridos havia uma porção de cabos de aço, então utilizamos cinco desses cabos para passar pelos furos que fizemos em todos os caibros e postes (imagens 19, 20 e 21), e com os tijolos que havia no local, fizemos uma caixa (imagem 20), na qual colocamos concreto (imagem 22). Assim, tudo virou um bloco, e a obra tem mais segurança.

Acima deste bloco, veio o forro (imagem 23) que foi pregado nos caibros. Utilizamos forro de cedro, que foi devidamente tratado com veneno contra cupim. Talvez você diga que veneno não é ecológico, e eu concordo, mas se eu fosse fazer hoje, colocaria em todas as madeiras mais de uma vez ou, talvez, as deixaria imersas no produto por um tempo para garantir. Nem tudo precisa ser ecológico, mas tem que ser lógico. Cupins causam problemas sérios e podem ser difíceis de serem eliminados.

No telhado, optamos por ter uma água somente, ou seja, inclinação para uma única direção (imagem 18), a fim de diminuir o custo, aproveitar melhor os postes e facilitar o recolhimento da água da chuva.

Optamos por algo convencional: telhas de aluzinco. Esse material esquenta bastante com o sol e, consequentemente, a temperatura interna da casa ficaria alta. Para evitar o aquecimento, utilizamos caixas de leite vazias – embalagens cartonadas, longa vida ou Tetra Pak – que foram recolhidas de uma padaria onde já tinham cumprido sua função de conservar o que chamam de leite.

Cada uma das duas mil caixas foi cortada, lavada e grampeada sobre o forro (imagem 24), porque são muito boas no processo de manter a temperatura interna da casa.

Hoje existem ONGs que revestem e ensinam a revestir com essas caixas casas de pessoas sem condições de fechar as frestas por elas mesmas, trazendo, além do conforto térmico, o bloqueio do vento, da chuva e de insetos. A pioneira dessas ONGs é Brasil Sem Frestas – você pode conhecer e ajudar nesse trabalho voluntário maravilhoso por @brasilsemfrestaspf.

No nosso caso, além das caixas de leite, surgiu outra solução para a temperatura elevada, já que uma universidade estava sendo reformada e as antigas placas de isopor foram retiradas e entregues a um centro de reciclagem, e de lá trouxemos e colocamos no espaço entre as madeiras (imagem 25) nas quais o aluzinco seria parafusado na próxima etapa.

Aí eu disse para o pedreiro que queria aberturas no telhado onde tivessem vidros (daquele lote de temperados), e ele disse que era fácil fazer, inclusive com a veneziana ou tampa deslizante que eu também queria. E lá fomos nós comprar alguns materiais de custo irrisório enquanto eles faziam cinco aberturas grandes no telhado (imagens 35 e 41, mostram a iluminação zenital com a casa mais desenvolvida).

Sobre essas aberturas, ficavam os vidros, e abaixo, as venezianas ou escotilhas, que eram puxadas por um cordão quando quiséssemos, trazendo iluminação natural mais forte que janelas, porque uma abertura de 3 m² no telhado permite a entrada de bastante sol. Também permite ver o céu, as estrelas, a lua e a chuva. Que tal deitar e ver o Cruzeiro do Sul sobre seu quarto? E quando se quer que fique escuro, é só soltar o cordão do gancho e, por gravidade, a tampa desce.

Acima do telhado está a caixa d'água, além do reservatório de água quente e as placas solares para esquentar a água (imagem 26). Essas placas são canos de cobre interligados pintados de preto dentro de uma caixa também preta com a parte superior de vidro transparente, de forma que o sol passa pelo vidro esquentando os canos, e estes esquentam a água.

A água fica circulando por gravidade e temperatura entre o reservatório e as caixas de aquecimento solar, recebendo assim aquecimento repetidas vezes enquanto houver sol, o que na prática faz a água quase ferver em dias ensolarados.

Esse sistema de aquecimento é bastante simples e chegamos a fazer um caseiro. A água quente sobe e a fria desce. Lembrando disso, basta colocar um encanamento que traga a água fria de um local mais alto do que onde será o armazenamento da água quente.

Essa água fria se divide em muitas mangueiras recicladas pretas – quanto mais mangueiras, melhor. A bitola das mangueiras deve ser a menor possível – ⅛, ¼, ½ ou ¾ de polegada. Cada mangueira deverá ficar inclinada de 20 a 30° (depende da região do país) no sentido Norte-Sul (norte é a parte mais baixa da mangueira) num local onde o sol incida.

Na parte mais alta, as mangueiras serão conectadas a um cano que levará ao reservatório de água quente, o qual pode ser uma caixa d´água comum, desde que sejam enrolados cobertores, espumas e papelões ao seu redor para fazer o isolamento de temperatura. Quanto maior for a camada de espumas, maior será o isolamento e mais tempo a água ficará quente.

Esse sistema pode ser feito de outra forma também: com uma mangueira enrolada que dá voltas e voltas de forma que pegue o máximo de sol possível. Como existe uma pressão gerada pela altitude da caixa de água fria que empurra a água pela mangueira enrolada para uma caixa que armazena a água quente (mais baixa que a caixa fria), o sistema faz a água quente ficar armazenada e quando ela esfria, volta a circular, sendo aquecida novamente. Neste caso a saída para utilização da água quente deve ser na parte superior da caixa.

Veja um exemplo de mangueira enrolada:

No nosso caso, erramos uma curva e a água quente teve que descer para depois subir novamente. Isso produziu um colapso no sistema e a mangueira preta derreteu, o que nos fez utilizar o conjunto disponível no comércio e deixar para aperfeiçoar o projeto numa próxima vez.

De qualquer forma, o sol forte e gratuito aquece a água e assim se pode tomar banho, lavar a louça ou as mãos com água quente sem ligar nada elétrico, exceto se ficam alguns dias chovendo ou muito nublado.

Mesmo que seja colocado o modelo de aquecimento de água disponível no mercado, o custo de implantação se paga. Diferentemente do sistema fotovoltaico que, no momento em que construímos, era caro, gerava pouca energia e era difícil de ser conseguido. Agora a situação é diferente e vale a pena investir nisso.

Bom, um senhor para o qual fiz alguns favores tinha guardado por muitos anos um pouco de madeira e disse que os portões da garagem ficariam bonitos com ela. Dito isso, me deu a madeira, mas para mim parecia um monte de tábuas velhas. Só dei valor depois que foi aberta na serraria, e vi que tinha vários tons (imagem 27).

O piso da garagem foi feito com cimento e cola branca (imagem 28) – se chama massa PVA –, tendo no contrapiso uma malha de ferro para não afundar ou rachar. Essa massa PVA é bem simples de fazer: um litro de cola branca e quatro litros de água. Misturar preferencialmente com misturadora, acrescentando cimento até virar um mingau. Aplicar com uma espátula, desempenadeira lisa ou rodo. Depois de seca, pintamos com tinta epóxi.

Nos acabamentos por fora, queríamos um reboco quase convencional feito com cimento, mas o reboco não aderia nos sacos de ráfia e, assim, queimamos os sacos com um maçarico.

Igualmente, o reboco não adere muito bem na terra, de forma que resolvemos colocar pinos nas paredes que prendessem uma tela de plástico utilizada em galinheiros e pinteiros, e nela fixar o reboco (imagem 29). Funcionou perfeitamente. Se fosse hoje, creio que eu pinaria sem queimar os sacos.

As paredes ficaram irregulares, e então surgiu a ideia de, em vez de utilizar a régua alinhando o reboco, o fazer com luvas de couro molhadas com água, de forma que as paredes ficaram repletas de ondulações bonitas como uma pedra (imagens 30 e 31, ambas com a casa mais desenvolvida).

Por fim, utilizamos selador acrílico e massa acrílica, que foi lixada ao final. Aumentou a impermeabilidade e ficou muito bonito. Mais duas demãos de uma tinta de ótima qualidade e por fora estava pronta (imagens 32 e 34).

Com o tempo, conseguimos várias peças de ferro usado e com elas fizemos as estruturas do telhado da frente da garagem. Claro que tivemos que aprender a soldar e trabalhar as peças para que ficassem bonitas.

Chegamos na parte interna e aí foram muitas ideias e aprendizados... transformar um vidro em uma porta de correr, outro em uma pivotante, mais um vidro na parte fixa da porta, um poste bruto e cheio de furos e rachaduras em uma coluna bonita. Aliás, nesse caso, cabe a dica: para lixar os postes, utilizamos uma esmerilhadeira, e para tapar os furos, cola branca misturada com serragem. Fica muito bom. Depois foi passado Cetol, mas não as três demãos que são recomendas, senão que uma ou duas para ficar riscado como madeira (imagem 33).

Sobre o piso superior, foi passado Laca poliuretânica (imagens 35 e 41). Cetol não é ecológico e Laca também não, mas não tínhamos conhecimento de algo ecológico e, além do mais, não é admitido radicalismo no caminho do equilíbrio.

Nos banheiros, como as paredes não estavam no prumo – porque as fieiras ou carreiras de sacos com terra não são todas iguais, senão que uma fica mais larga e outra mais estreita – e eram bonitas assim, revestimos com pedaços de granito descartados pelas marmorarias, fazendo um mosaico (imagem 36), como o que é feito com pedras de calçada.

Com as sobras dos postes, fizemos as banquetas para sentar ao redor da bancada (imagem 37) e a proteção da escada (imagem 38), sendo que tomamos o cuidado de colocar um arame no topo de cada pedaço de poste (imagem 39), porque a madeira de eucalipto costuma rachar e abrir na ponta.

Na frente de cada degrau da escada, colocamos uma frase eclética com muito significado (imagem 40). Você já viu uma casa com frases na escada? Que tal ao subir ver inscrições como estas:

> "SEJA VOCÊ MESMO
> O SEU PRÓPRIO SUSTENTO
> E O SEU PRÓPRIO REFÚGIO."
> (CONFÚCIO)

> "*SOLVE ET COAGULE.*"
> (PENSAMENTO ALQUIMISTA)

> "ENFRENTE-SE A SI MESMO HOJE!"

> "NÃO TE APAIXONES PELOS PROBLEMAS."

"VERÁS QUE O FILHO TEU NÃO FOGE À LUTA!"
(DO HINO NACIONAL BRASILEIRO)

"SEJA FIRME, PACIENTE E CALADO."
(DA FLAUTA MÁGICA, DE MOZART)

Para fazer a instalação elétrica, um eletricista seguiu outro e outro... muitos, mas nenhum conseguiu terminar. O melhor que o último fez foi me dizer onde fez o curso de eletricidade predial para que eu fizesse:

Aprendi que eletricista não se chama qualquer um, senão que deve ser qualificado, coerente e ter equipamentos. Aprendi também que o recomendado é uma bitola de fio maior do que a indicação. Isso diminui o consumo de energia, o risco de curto-circuito e incêndio, além de deixar a casa preparada para o futuro, porque se utiliza cada vez mais energia.

Continuando os aproveitamentos, algumas latas de tinta foram forradas e encapadas para virarem pufes (imagem 42).

Chapas de câmara fria paradas no depósito de um mercado há anos, por estarem sem condições de uso, viraram divisórias internas (imagens 38 e 43). Algumas cobertas em parte por bambus (imagem 41) cortados do próprio local ou cedidos por um amigo. E com eles também foram feitos os porta cabides do *closet* (imagem 44), algumas prateleiras e os puxadores das gavetas, das portas dos armários (imagem 45) e das portas internas (imagem 48).

Na estante do escritório, novamente apareceram peças daqueles vidros temperados, que foram suspensas com finos cabos de aço e viraram prateleiras e a mesa.

Igualmente de vidro foi feita a mesa de jantar, sendo sustentada por um barril velho de um amigo. Claro que o barril, depois de desmontado, lixado, pintado e montado novamente (imagem 33), parecia novo.

No final, daqueles vidros, temos: prateleiras, mesas, partes das paredes, boxes dos banheiros, parapeito e cobertura da escada, uma parte do piso do andar superior (imagens 46 e 47) e assim vai. Dizem que é para não esconder nada e talvez seja, mas sem a interpretação psicológica, eu diria que é útil e barato, é reaproveitamento e é beleza.

No piso térreo, colocamos *parquets* retirados de um ginásio de esportes que alagou... não deu muito certo porque ele se dilata e levanta do contrapiso. Depois é que vi que a fábrica não recomenda colocar tacos e *parquets* de madeira Marfim, como aquela, no térreo. Tivemos que substituir o piso. Em seu lugar foi colocado porcelanato que imita madeira.

Com alguns quadros bonitos colocados nas paredes, estava pronto o interior da casa (imagens 31, 33, 35, 41, 43, 44, 46, 49, 50 e 52). Com aproveitamentos e reciclagens, mas sem radicalismos, arrisco dizer que ficou lindíssima.

Digo sem radicalismo porque existem coisas que não estão de acordo comigo, pelo menos por enquanto. Por exemplo: sugeriram fazer banheiro seco com colocação manual de serragem após cada uso.

Parecia exagero e não o equilíbrio necessário, então, em vez disso, fizemos o encanamento do esgoto ir para uma grande caixa feita no solo do pátio (imagem 51) com tijolos que existiam ali. Na caixa foram construídas estruturas que permitem armazenar água negra ou cinza, mas também possibilitam que haja terra – ou seja, ficou um espaço oco que seria preenchido com a água dos vasos sanitários e, acima, um lugar com terra onde foi plantada uma bananeira. A bananeira suga todo o esgoto e o transforma em bananas que podem ser degustadas à vontade (imagem 53). Esse é o tratamento do esgoto.

Ao redor da bananeira e de toda a casa, também trabalhamos com materiais reciclados, por exemplo:

O muro que delimita o terreno foi feito com pneus usados (imagem 55). Depois foi plantado unha de gato (também chamada de herinha) e virou um muro verde.

Também com pneus, mas utilizando deles somente a borda ou banda de rodagem, foi feita a horta ao lado da casa e a delimitação das mais de 50 frutíferas (imagem 57) plantadas no jardim. Porém, depois vimos informações de que pneus soltam substâncias tóxicas, então teremos que retirá-los de lá.

As frutíferas são extremamente úteis, ecológicas e sustentáveis. Dão alimento para nós e para os amigos, podemos fazer chás, exibem flores para as abelhas (que produzem mel), absorvem gás carbônico, diminuem o calor dos dias quentes, embelezam o terreno, vivem por muitos anos e só exigem água, poda uma vez por ano e algum adubo de vez em quando (pode ser café, cascas da própria fruta, esterco...).

No caso do café, coloque quatro colheres da borra do café para cada litro de água em um recipiente, que ficará em repouso por três dias. Ao final do repouso, utilize o líquido para regar a planta. Pode ser utilizado por cinco dias.

Do esterco, coloque aproximadamente um quilo para cada dez litros de água. Deixe em repouso por quatro dias e utilize para regar a planta.

Plante frutíferas, elas têm um custo mínimo perto dos benefícios.

Também plantamos flores. Rosa menina, Jasmim-dos--Poetas (imagem 58), Rosa, Érica, Quaresmeira, Primavera... que tal uma cerca de Azaleias (imagem 54)? As flores alegram a casa, trazem uma vibração positiva, pois representam as virtudes. Trazem aromas e são necessárias para as abelhas, que polinizam e produzem mel.

Voltando aos pneus, outra utilidade deles e de restos de granito foi uma escada. Como o terreno tem um desnível que teríamos que descer para acessar o galinheiro, criamos uma escada colocando um pneu na base, que logo foi enchido de terra e coberto de granito. Para o próximo degrau, outro pneu e novamente terra e granito, seguindo assim até chegar à altura desejada.

Depois pintamos com cores diferentes os pneus, e ficou o Caduceu de Mercúrio em forma de escada (imagem 56).

Símbolos são legais e trazem sua força, além de lembrar algo importante. Não devemos fazer ou desenhar símbolos sem saber o que significam, menos ainda se os levamos conosco, como em tatuagens, pois podemos estar trazendo energias negativas.

Então, seguimos fazendo símbolos positivos: em pedaços de granito foram esculpidos templos antigos (imagem 59) que nos trazem ensinamentos e *chakras* básicos do corpo humano (três deles nas imagens 62, 63 e 64). São sete *chakras* básicos, cada um com um número de pétalas e vários poderes. Estamos falando novamente do espiritual para que este capítulo não fique muito frio.

Foi colocado cada *chakra* no local onde tem relação com a parte do corpo onde ele está localizado: o *chakra Muladhara* (imagem 62), correspondente à Igreja de Éfeso, fica na base da coluna vertebral, e assim, colocamos a escultura deste no início da horta, de onde partem sete carreiras de pneus, cada uma representando a coluna vertebral de um dos nossos corpos.

O *chakra* relacionado com o que o nosso mundo cristão chama de Esmirna fica na altura dos órgãos sexuais (imagem 63), então ele foi colocado no quiosque com a churrasqueira, que nos lembra o fogo. Esse quiosque é sustentado por seis postes, já que o seis também representa a energia sexual viva.

A escultura do *chakra* que o ocidente chama de Igreja de Pérgamo fica na altura do umbigo ou do plexo solar, e assim, foi colocada logo na chegada, pois este chakra alimenta todos os outros.

O granito na forma do chakra chamado como Igreja de Tiátira fica no coração (imagem 64), e assim, foi colocado no Monte-Coração (imagem 65). Junto deste chakra colocamos também a escultura de uma cruz, para lembrar que tudo passa, até a vida, e quando a nossa passar, esse Monte-Coração poderá abrigar as nossas cinzas.

A escultura do chakra da laringe ou Igreja de Sardes foi colocada antes do laguinho de peixes (imagens 60 e 61), pois esse chakra fica na laringe e o laguinho tem o formato de um rosto humano voltado para o céu.

O sexto chakra, correspondente à Igreja de Filadélfia, fica entre as sobrancelhas e sua escultura foi colocada acima dos olhos que fizemos no laguinho.

O último chakra, chamado *Sahasrara*, correspondente à Igreja de Laodiceia, fica no topo da cabeça, e assim, o granito com essa forma foi colocada no final do laguinho. Bem, não é um laguinho, é um lago, porque nele cabem 47 mil litros de água e os peixes podem nadar tranquilos, mas chamamos carinhosamente de laguinho.

Os peixes são igualmente tratados com carinho e retribuem trazendo vida ao local e conduzindo os observadores à meditação.

Outros que trazem uma sensação especial são os pássaros, e assim, criamos um local onde colocamos diariamente comida para eles que vêm em bandos de tal forma que é comum ver o "restaurante gratuito dos voadores", repleto de várias espécies. Todos livres. Não prenda os pássaros para não prender (bloquear) a vida. E se já prendeu, solte!

Ainda nos enfeites simbólicos, havia uma pedra grande na entrada do sítio. Ela foi pintada de branco e inserida em seu interior a ponta de uma espada (imagem 66), afinal, conta a lenda que quem tirar a espada da pedra será o rei. Você quer tentar? Mas lembre que a pedra verdadeira está em seu interior e tirar a espada da pedra exige bastante esforço psicológico e trabalho sexual.

Obviamente, foi feito um sistema de captação de água da chuva composto por calhas e tubos de PVC que chegam às caixas, onde são armazenados mais de 15 mil litros de água para ser utilizada na horta, no pomar, no galinheiro e na limpeza.

É importante observar que essas caixas são colocadas o mais alto possível do solo, pois cada centímetro a mais do chão é importante para facilitar a irrigação por gravidade. Por outro lado, as tampas das caixas devem ficar mais baixas que o telhado, para que a água possa chegar facilmente a partir das calhas.

Neste ano fez um calor absurdo, então conseguimos com um vizinho uma caixa d'água de 5 mil litros, enterramos e fizemos uma calçada com pedaços de granito (novamente sobras das marmorarias – imagem 68) e virou uma piscina (imagem 67). Para aquecer um pouco esta água, que sai fria do poço, foi feito um sistema caseiro com mangueiras pretas, conforme descrito anteriormente – cuidado: água aquecida exige mais tratamento e não faz muito bem para a saúde. O melhor é acostumar com a água fria.

Depois resolvemos usar a água que sai da piscina para regar as plantas do túnel de hortaliças e assim a permacultura segue trazendo vantagens: renovamos frequentemente a água em que nos banhamos, diminuímos ou dispensamos o tratamento da água, podemos limpar seguidamente a piscina e as plantas do túnel crescem e dão frutos ou viram saladas.

Ao redor da piscina foi feito outro símbolo: a Cruz Egípcia (imagem 67). Essa cruz é símbolo da vida e lembra o útero e a união sexual entre homem e mulher, onde estão os maiores segredos, mistérios e poderes da humanidade. Mas lembre novamente que a vida é interna, o externo é só um símbolo, ou seja, o símbolo por si só não vai resolver o nosso problema. Ele serve para lembrar e trazer uma vibração positiva, mas o trabalho é necessário.

Enfim, a casa ficou pronta e é muito mais que um abrigo, é o nosso lar (imagem 69).

Caso queira ver um pouco da construção, assista ao que está nestes três *links*:

https://www.youtube.com/watch?v=IbUVVXhxP7w&list=LL&index=87

https://www.youtube.com/watch?v=d-piprAwdKM&list=LL&index=84

https://globoplay.globo.com/v/2621851/?s=0s

Ou procure na Internet por:

- UPFTV – Casa Ecologicamente Correta
- UPFTV Reportagem – Casa Ecológica
- Jornal do Almoço – Casa Ecológica

Defeitos e observações sobre a construção

Como já moramos na casa há dez anos, podemos falar do que não deu certo na hora ou ao longo deste tempo. Também reflexões e soluções aplicadas:

1. Ponha o terreno na altitude e nível desejados. Isso evita degraus e entrada de água por alagamento. Se não fez isso, a solução pode ser uma valeta coberta com grade que desvie a água;

2. Plante árvores. Mas se certifique até onde irão a sombra e as raízes quando crescerem. Raízes mexem facilmente na estrutura, criando rachaduras nas paredes e problemas nas aberturas. Sombra esfria a casa;

3. Busque e siga todas as informações sobre os materiais que for utilizar. Por exemplo: *parquet* Marfim não é recomendado para uso térreo e deve ser instalado com cola especial que não contém água porque, ao mínimo sinal de umidade, ele aumenta de tamanho e descola;

4. Não é só colocar terra no saco. Veja que compactamos bastante a terra e, ainda assim, as paredes baixaram cerca de 15 cm perto do telhado;

5. Colocar palanques de concreto sob e sobre as aberturas evita o comprometimento de janelas;

6. Nós usamos telhado de aluzinco, mas quando o telhado é feito com superadobe, deve-se colocar bastante arame farpado e ir fechando suavemente até que o próprio superadobe se converta na cobertura tipo domus. Isso deve ser feito com muito cuidado, pois a terra é pesada e pode causar acidentes graves, além da perda do trabalho, caso desabe;

7. Planeje a inclinação e o transpasse do telhado. O telhado pode ter duas águas (uma queda para cada lado), mais águas, ou uma água apenas. Cada telhado tem sua melhor inclinação, mas em geral, com mais de 20° o vento tende a empurrar ou comprimir e, menos de 15°, tende a puxar ou levantar. Aluzinco admite 12°, mas considere fazer com pelo menos 15° e um transpasse maior do que o mínimo das telhas, pois quanto maior a inclinação e o transpasse, menor a possibilidade de infiltrações. Dica: não deixe qualquer um mexer no seu telhado.

8. Telhado Verde e Capim Santa Fé: podem se tornar caros e exigir substituição de tempos em tempos, além de que, precisam de maior inclinação. Para telhado verde, lembre que terra molhada pesa muito mais do que seca. Além disso, plantas precisam de água, então deixe algum acesso fácil e um ponto de água ou alguma forma automática;

9. Vidros grandes no telhado permitem a entrada de boa quantidade de luz natural, porém os raios do sol passam pelo vidro, mas não saem com a mesma facilidade, e assim, fica como num forno.
Solução encontrada: levantar os vidros do telhado e instalar janelas do tipo maxim-ar de 30 cm de altura para saída do ar quente. Além disso, colocamos nos vidros películas que diminuem a entrada de raios solares. Atenção: a película é instalada na parte interna da casa. Outra possibilidade seria colocar exaustores, mas não necessitamos dessa;

10. Ao fazer sistema de aquecimento de água caseiro, considerar que a água quente sempre estará na parte de cima do reservatório;

11. Cupins: são difíceis de serem eliminados. Sempre proteja a madeira por meio de imersão ou pelo menos passe grossas camadas de tratamento com rolo ou pincel antes da instalação. Não importa se digam que pouca quantidade do produto é suficiente; que não é ecológico; que os cupins também são da natureza; que a proteção é cara ou qualquer outra alegação. Ignore tudo isso. Você não vai se arrepender dessa proteção. Se utilizar bambu, faça o corte na lua minguante de agosto porque as varas ficam mais duras. Também se pode queimar as pontas, pois previne quanto ao caruncho.

O bambu é um ótimo material. Tem muitos usos, é sustentável e muito resistente. Só lembre de proteger as pontas.

Se já utilizou os bambus e não seguiu as orientações acima, talvez o universo esteja lhe mostrando que os carunchos simbolizam algo do seu interior. Lembre da frase que está em um dos degraus da escada aqui da casa: "Tire os carunchos do bambu e ilumine-o... eis a iniciação!";

12. No banheiro, com a junção dos diferentes materiais, ao longo do tempo, houve uma infiltração para o banheiro de baixo. Solução encontrada: retirar o rejunte e aplicar rejunte epóxi;

13. Muro de arrimo feito de pneus: fizemos com pneus de automóvel e, mesmo prendendo com cabos de aço, desmoronou duas vezes devido ao acúmulo de água. Solução encontrada: fazer com pneus de caminhão e deixar um espaço para a água passar entre os pneus;

14. Tenha carinho pela sua futura casa, trate as pessoas que a estão construindo com o mesmo carinho. O tipo de energia que for colocado ali ficará impregnado no ambiente.

Muitos dos que trabalharam aqui nunca estiveram em construções e alguns até viviam "no desvio", como eles diziam.

Mas isso não quer dizer que eram pessoas más, não, nada disso. Só um deles que pediu e recebeu um adiantamento para comprar uma bicicleta como meio de transporte e nunca mais apareceu, mas até dele temos boas recordações. Todos temos algo de mau e algo de bom.

Experiência diminui erros. Se tiver pelo menos um que saiba fazer e seja responsável, se torna bem mais fácil. Mas também se pode fazer sem nunca ter feito. Nenhum de nós tinha trabalhado com o material.

Nem sempre dará certo. Considere que cada material trabalha de uma forma e o clima está mais radical. Sempre que possível, aumente a segurança, mesmo que hoje pareça desnecessário. Busque entender os fundamentos da construção.

Tudo tem que ser feito unindo quatro pilares: Ciência, Arte, Mística e Filosofia. A Ciência pode estudar e desenvolver técnicas de construção com baixo impacto ambiental e permacultura; a Arte envolve carinho e vai tornar o resultado bonito e útil; a Mística vai trazer o invisível, o inexplicável, como o João de Barro que faz a casa com a porta virada para o lado que terá menos vento naquele ano; a Filosofia vai compartilhar isso e absorver do íntimo das pessoas erros e acertos que servirão como experiência. Além disso, a Filosofia como troca de ideias pode impedir muitos erros. A Filosofia é sabedoria.

Os quatro pilares do conhecimento devem estar sempre ligados. Se excluímos qualquer um deles, cometeremos barbaridades;

15. Se a gente não estivesse lá no momento, os pedreiros fariam da forma que eles sabiam. Caso queira algo diferente, esteja presente;

16. Lembre-se que, por motivo de saúde ou idade, poderá ter que passar algum tempo num andar plano, então não faça escadas desnecessárias e coloque o essencial no térreo;

17. Por fim, um aviso: uma coisa é ter uma casa e outra coisa é achar que tem uma casa quando na verdade ela é que nos tem. É inteligente não fazer casa grande demais. Utilize materiais que não precisem de tanta manutenção. Não viva para a casa porque, como canta um amigo: "Ontem ginete é hoje o cavalo"*.

"QUE O TEU TRABALHO
SEJA PERFEITO PARA QUE, MESMO DEPOIS
DA TUA MORTE, ELE PERMANEÇA."
(LEONARDO DA VINCI)

---

* "João Saudade" – Pedro Neves, 1998.

CORPO

Bioconstruindo o lugar para a alma habitar

2

Um átomo é semelhante a um sistema solar. Toda a nossa vida é interna, o externo é manifestação do interno. Fascinar-se (identificar) pelo externo é viver em uma ilusão ou um sonho inútil.

Tudo que vemos, sentimos e desejamos do nosso exterior é reflexo do nosso interior, então o anseio de ter uma casa não é mais do que o mesmo anseio de construir um corpo onde nossa alma possa habitar. A diferença é que a casa é física ou material, enquanto o corpo ou os corpos são parte material e parte espiritual.

Algumas pessoas não sentem esse anseio de construir sua casa, porém podem ter fortes anelos de construir seu corpo. No fundo é mesma coisa, porém, neste caso, a força vinda do Íntimo não se manifesta nas dimensões mais grosseiras e temporárias. A força vem de dimensões superiores do universo, mas só tem interesse nas questões espirituais – não se importa com o material. Essas pessoas também podem fazer um trabalho de desenvolvimento interno, bioconstruindo. Muitos Mestres da humanidade não tiveram casa própria, mas são Mestres. Bioconstruíram seus corpos e podem nos ensinar muito. Além disso, cabe ressaltar que quanto maior a espiritualidade, menos interesse em acumular algo no mundo material.

Por outro lado, há pessoas que querem muito sua casa, e quando a têm, se dedicam muito a ela, porém não buscam criar algo espiritual. O tempo da pessoa é todo dedicado ao material e ao que é externo a ela. Neste caso, temos várias situações: uma é que nem todos os Íntimos querem, ao mesmo tempo, se desenvolver no mundo espiritual. Isso deve ser respeitado, não devendo existir qualquer crítica ou reprovação devido à outra pessoa não querer esse trabalho. Nós bioconstruímos em nós e não nos outros.

Observe que Deus não nos corrige no momento da ação, ele ajuda se quisermos – claro que futuramente teremos que pagar ou receber pelas nossas ações, mas o que quero dizer é que temos que aprender a respeitar os demais ao invés os criticá-los.

Outra situação que faz a pessoa não querer construir um corpo místico e querer uma casa é a educação, os exemplos recebidos que reprimiram os anelos espirituais. Se a pessoa recebe uma educação em que somente trabalhar fisicamente é importante ou se é um momento de reconstruir um país devastado, entre outras situações, se torna mais difícil querer algo interno, buscar o espiritual e tirar um tempo para a pessoa mesma.

Dos que querem construir um corpo, nem todos entendem essa vontade que vem do seu Deus interno e muitos captam de forma a cultuar o corpo. Usam um tempo enorme e precioso em academias, estudam detalhadamente a alimentação, etc. E passam a viver para um corpo temporário e material.

Bioconstruir envolve baixo impacto ambiental, e quem quiser tem todo o necessário ao seu alcance. Qualquer tipo de bioconstrução envolve questões diferentes da forma convencional ou da modernidade. Essa construção não necessita das complicações e grandes estudos da vida moderna. Na verdade, o mais difícil é buscar a prática contínua e não se desviar com tantas teorias.

Algumas teorias dizem que devemos ingerir somente o que se complementa, não comer pão, só alimentos naturais e nada de remédios. Outros dizem que temos que fazer muitos esportes e exercícios corporais. Outros ainda nos motivam a cultuar a mente.

Contudo, essas teorias acima não sabem nada de bioconstrução. Devemos gerar um corpo saudável, resistente às doenças, equilibrado e com faculdades inerentes ao verdadeiro ser humano, como bom senso, a serenidade, a inteligência, a intuição, a compreensão, a concentração, a caridade consciente (às vezes a caridade prejudica em vez de ajudar, então é necessária a caridade consciente), a misericórdia, a justiça com o rigor correto, etc. E, naturalmente, teremos uma mente forte, assim como todo o resto. O corpo a ser gerado é parte física e parte espiritual. É o homem do sexto dia, o rei da natureza, como nos diz o livro sagrado de uma série de religiões.

Hoje não somos reis nem de nós mesmos, e parece que nós, humanidade, fomos criados antes do sexto dia – quero dizer que estamos incompletos e degenerados. Somos animais intelectuais e não homens e mulheres autênticos.

Então é necessário fazer algo em nós mesmos para construir, gerar, criar em nós mesmos esse ser humano que governa si mesmo e a natureza. É necessário bioconstruir.

Pensando nisso, a quase totalidade das teorias alimentícias, dietas, algumas atividades físicas, o exagero nos esportes e no cultivo da mente é ou contém alguma bobagem grande. Até o excesso de estudo universitário traz danos e não permite construir um corpo saudável e equilibrado.

Grandes estudos podem nos tornar intelectuais, mas estas práticas de bioconstrução são mais do coração do que da mente, e muito estudo não é o equilíbrio, não a forma que fazemos. Forçar a mente não faz compreender e decorar não é aprender.

Comer só industrializados também não é o equilíbrio. Isso pode trazer consequências danosas e jamais vai ser bioconstrução do corpo. Remédios, a mesma coisa, e vacinas, também.

Certamente, ao querer bioconstruir o corpo, teremos uma visão diferente das outras pessoas e, assim, como na construção da casa, enfrentaremos críticas em número e peso dignos de consideração. Devemos passar por elas e seguir adiante, já que críticas recebidas fazem parte do processo de provas, para ver até onde vai o nosso equilíbrio, e é justamente das críticas que devemos tirar nossa serenidade.

Precisamos do equilíbrio e da serenidade.

Para realizar esta missão é necessário primeiro tornar este projeto de corpo que já temos mais forte e propício com meios simples, como água fria, mente serena, exercícios básicos, e, especialmente, deixar de ter algumas características que nos trazem doenças e consomem nossas energias. Isso vai permitir que nos alinhemos às energias criadoras do universo.

Então é necessária uma preparação, uma base, da mesma forma que nos preparamos para construir nossa casa. A base vai definir se o nosso projeto dará certo, então devemos colocar muita atenção neste ponto.

Nessa preparação, temos que melhorar a qualidade da nossa energia, tendo cuidado com alguns itens, sempre visando o equilíbrio:

- Buscar uma vida mais natural com contato com a natureza e algum exercício;
- Desenvolver a concentração;
- Ter um sono reparador com sonhos instrutivos, premonitórios e, especialmente, conscientes;
- Eliminar ou, pelo menos, diminuir características individuais nossas que bagunçam ou mal gastam nossas energias, gerando doenças, dores, fadiga e rompendo nossa ligação com o Criador.

Quando a pessoa sente essa inquietude do Íntimo e realmente quer criar um novo corpo que não é só de carne, senão que é também espiritual, começa uma busca que em geral pode durar anos. Poucas pessoas recebem isso como um presente sem ter buscado incansavelmente. Essas pessoas são especiais, ou fizeram algo especial que está sendo pago pela Grande Lei.

Nesta busca, a pessoa pode encontrar, especialmente em sonhos, símbolos como: alguém dizendo que é preciso um ataúde, uma caveira, uma lança, uma espada etc. Ou o buscador se vê no telhado de uma casa em que estão faltando telhas (ou sem telhado), ou ainda outro símbolo que represente morte.

Você deve ter se perguntado o que a casa faltando telhas ou sem as telhas tem a ver com morte. Essa é a linguagem da consciência onde uma casa representa nós mesmos ou o nosso templo interior. As telhas faltantes indicam que não estamos preparados para as intempéries: com a eliminação de algumas – ou muitas – características ruins nossas, poderemos enfrentar o que o mundo nos trará.

Os outros símbolos igualmente representam a morte psicológica, ou melhor, a morte mística.

Símbolos como a lança, a espada e outros se referem também à parte sexual, a qual é necessária para a criação do corpo. Mas esta somente vai desempenhar a sua função de regeneração e construção se for feita anteriormente essa preparação.

A preparação para bioconstruir o corpo é o mais importante neste momento para todos os seres humanos. E a recompensa por parte do universo para quem o faz é gigantesca.

Faça o mais importante: prepare-se!

Ao <u>buscar uma vida mais natural</u> com contato com a natureza e algum exercício, temos muito a treinar.

Os remédios industriais devem ser evitados quando possível, e substituídos por chás, fricções com água fria etc. As vacinas podem ser evitadas ativando nosso organismo – e todos podem ativá-lo. Muitas doenças podem ser evitadas e combatidas mudando a forma como reagimos ante as situações da vida.

Algumas gastrites e úlceras podem ser prevenidas – ou curadas – se as impressões que as provocam (como ira, nervosismo e preocupação) forem conduzidas de forma diferente em nós. Alguns tipos de câncer podem ser prevenidos eliminando a tristeza, a mágoa, o ressentimento, o sentimento que se foi injustiçado, a reclamação.

Tomar medicamento sem realmente precisar é algo que deve ser evitado ou enfraqueceremos nosso organismo e precisaremos de doses maiores ou outros remédios mais fortes para ter o mesmo efeito. Na maioria das vezes, um chá resolve o problema e não ficamos expostos a químicos.

Algo que ativa funções do organismo e reduz a necessidade de medicamentos são exercícios, e estes são muito necessários desde que não se exagere. Não precisamos ficar horas na academia, nem nada complicado ou cheio de aparelhos. Trinta minutos de caminhada acelerada são suficientes para ativar o organismo, produzir endorfina, melhorar a digestão e nos sentirmos mais felizes. Se for diário, melhor. Prática de *Slackline* fortalece o tornozelo e traz equilíbrio e concentração. O verde da natureza também melhora nossa qualidade de vida. São coisas simples.

Quando ingerimos fabricações que hoje se chamam alimentos – mas não o são –, estamos forçando nosso organismo a processar "coisas" diferentes da sua natureza e o resultado é um corpo enfraquecido, ou deficitário de ingredientes básicos – o que se chama no mundo oriental e também no esoterismo e autoconhecimento de ausência de *Shakti*, ou seja, poder criador.

Também ficamos deficitários de *tattwas* – energias dos quatro elementos básicos que compõem toda a natureza (fogo, água, terra e ar) e devem estar equilibrados no nosso corpo para nos dar uma boa energia vital.

Esses elementos não são como o que entendemos do significado dessas palavras, senão que tem a ver com quente, frio, seco e úmido. Produzem determinados estímulos no nosso organismo. Por exemplo: o elemento fogo (quente e seco) estimula a energia, a criatividade, a autoestima, a agressividade, etc. O elemento água (frio e úmido) estimula a paciência, a compaixão, a empatia. O ar (quente e úmido) traz a clareza mental, vida social, liberdade, desapego. A terra (frio e seco) ensina a não fazer as coisas sem base, a lidar com a realidade, a pensar também no material.

Uma porção de carne ou alguns tipos de plantas, quando ingeridos, nos trazem o fogo. A uva – ou seu suco – nos traz o elemento ar. Grãos nos trazem a terra e peixes, a água. Esses são apenas exemplos onde o elemento aparece mais forte porque todos os elementos estão presentes em toda a natureza.

Se ingerirmos uma quantidade grande e contínua desses *tattwas,* igualmente é modificada a nossa energia de forma que se torna prejudicial. Observe como você se alimenta, observe os costumes. Veja que cada lugar tem a sua tradição em alimentação e em algumas partes do planeta o ser humano se torna parecido com tigres e em outras, parecido com cavalos, mas nós somos ou deveríamos ser diferentes dos animais.

Os resultados deste déficit ou superávit de um tipo de *tattwa* são pessoas física ou espiritualmente débeis, exageradas em reações, com menos compreensão e menos capacidades no corpo em todos os sentidos, o que dificulta ou impede a bioconstrução.

Há que equilibrar os elementos e absorver *Shakti,* mas sem fanatismo – sem exagero na busca pelo natural. Se vivêssemos em uma sociedade naturalista, o normal seria alimentos orgânicos ótimos como eram em tempos passados, porém estamos no oposto disso, e pode se tornar muito custoso e estressante buscar somente o que é totalmente natural. Temos de buscar algo viável.

Devemos começar excluindo os alimentos que mesmo sem químicos possuem muito *Tamas* (veneno), pois esses levam a mente à letargia, inércia, preguiça e a não querer um trabalho de desenvolvimento interior. Geram instabilidade e debilidade na nossa energia.

Exemplos desses últimos são: carne de porco e derivados. Essa ingestão, mesmo em pequenas quantidades ou embutida em outro alimento, deixa a nossa energia débil por vários dias. E continua sendo assim mesmo que seja cozido, assado ou processado.

Os frangos de granja (ou aves de granja) – esses que geralmente vemos em mercados, os quais foram criados presos, aglomerados, com luzes sempre acesas que os forçam a comer ou outros processos "modernos" – vivem constantemente em estresse, que é repassado para sua carne e ovos.

A carne desses frangos e seus ovos, assim como a carne de outros animais criados em confinamento ou cativeiro com adição de hormônios ou processos que acelerem o crescimento e muitos químicos, tem um efeito danoso ao nosso organismo. Traz energias ruins. Faz as meninas virarem mulheres e adiantam a senilidade. E para os homens, obviamente, age da mesma forma.

Excluindo esses citados acima, já teremos dado um grande passo. Depois disso, se tivermos como selecionar outros, melhor.

A concentração é o segundo ponto citado acima que é necessário na preparação. Desenvolver essa faculdade é muito importante para o ser humano.

Com concentração aprendemos tudo, sejam lições da escola, funcionamento de aparelhos eletrônicos ou tratamentos a pessoas doentes, entre outros. Com a mesma concentração, fazemos as atividades de forma correta, entendemos o comportamento nosso e dos demais, compreendemos os recados que nos são dados em sonhos, podemos chegar à meditação e tantas outras coisas.

A palavra concentração vem de ter um centro (de atenção), ou seja, manter o foco em um só ponto, uma só atividade, um sujeito, um lugar. Concentração é manter a atenção naquilo que queremos.

O que vemos hoje em dia é o contrário disso, pois não nos damos conta do perigo da palavra "enquanto": atendemos o celular enquanto dirigimos, respondemos mensagens do celular enquanto caminhamos, estudamos enquanto ouvimos música etc.

Vem a distração pelo nosso vício de fazer muitas coisas ao mesmo tempo: atravessamos ruas pensando no que outros falaram, no que nos aconteceu... e por isso surgem acidentes e o apocalipse que não é no futuro nem em outro lugar, senão o que levamos conosco para onde formos, é o apocalipse interior.

Daí a necessidade de treinar a concentração.

Uma forma importante de desenvolver esse poder é colocando a atenção nas coisas que fazemos no dia a dia, seja atravessar a rua ou estar no nosso trabalho, devemos fazer com atenção. No momento de comer, comemos com atenção no que estamos fazendo, ou seja, na hora de comer, comer. Ao tomar banho, tomar banho. Não fazer uma coisa pensando em outra. Prestar atenção ao que se está fazendo e no seu redor. Não subestime essa prática, ela é muito poderosa.

Devemos sempre fazer uma atividade de cada vez. Podemos anotar as coisas que temos que fazer durante um período e fazer em ordem de importância, sem pensar nas outras. Isso organiza nosso dia, nossas energias e nos mantém com a mente tranquila, impedindo que surja a ansiedade, o nervosismo e a distração. Essa é uma forma muito importante de treinar a concentração.

Além dessa prática utilizada no dia a dia, precisamos desenvolver a concentração em um momento nosso, um momento de interiorização. Os Mestres ou guias da humanidade de todos os tempos nos ensinaram muitas dessas práticas. A seguir, vejamos algumas:

Para exercitar a concentração, e para harmonizar nosso corpo com o meio ambiente, recebendo energias positivas, transformando-as, e passando-as para o planeta, além de acalmar a mente, retirar energia estática do corpo e educar a respiração, existe a Transmutação das Forças Cósmicas.

Essa prática é feita da seguinte forma: primeiramente acalmamos a mente com três movimentos simultâneos feitos em pé: 1- Movemos os braços estendidos horizontalmente como se fôssemos bater palmas e voltar à lateral do corpo; 2- Levantamos e baixamos uma perna de cada vez, como se fôssemos correr, mas no mesmo lugar; 3- Giramos a cabeça para um lado e para o outro.

Depois de fazermos várias vezes o exercício para acalmar a mente, nos sentamos numa cadeira, mantemos os pés descalços sobre a terra; as mãos abertas com as palmas para cima, apoiadas sobre as pernas.

Nessa posição, vamos utilizar a imaginação e a concentração. Ao inalarmos o ar, calma e profundamente, imaginamos as energias vindas do céu entrando pelo topo de nossa cabeça e pelas palmas das mãos, e passando pelo nosso organismo. Ao exalarmos o ar, imaginamos a energia saindo pelos pés para o Planeta. Inalamos pelo nariz e exalamos pela boca.

Em seguida, inalamos o ar imaginando energias vindas do Planeta, entrando pelos nossos pés e percorrendo o nosso corpo. Quando exalamos o ar, imaginamos a energia saindo pelas mãos e pelo topo da cabeça para o céu.

Após isso, inalamos novamente reiniciando a prática, e assim seguimos pelo tempo que quisermos, que o resultado será sempre positivo tanto para nós como para o Planeta, e tão mais positivo quanto mais imaginação e concentração utilizarmos.

Outra prática para desenvolver a concentração e melhorar a imaginação que vai se transformando em clarividência é o contato com a rainha de nosso coração.

Vamos fazer esta prática agora: escolhemos uma posição confortável sentados ou deitados. Se estivermos sentados, vamos preferir colocar a planta dos pés paralelamente ao solo.

Fechemos os olhos e relaxemos o corpo desde os pés até a cabeça. Inspiremos lentamente, absorvendo a energia – o *prana* do ar e, em seguida, soltemos o ar também lentamente. Inspiremos novamente... soltemos o ar.

Imaginemos o nosso coração na nossa frente... ele está pulsando, levando vida para todo o corpo...

Entremos no coração e veremos que passamos nesse momento por um portal para um mundo sensacional em nosso interior.

No céu do coração, vemos muitas nuvens. Observemos os detalhes das nuvens... delas saem raios. Vejamos luz dos raios clareando o céu... escutemos o barulho dos trovões...

Vemos um furacão do qual sentimos o vento no rosto... mais adiante, outro furacão e mais vento...

Do outro lado, temos o céu azul onde estão enormes águias voando. Vemos as cores das águias... sua forma... ouçamos seu grito...

À nossa frente, há um bosque... vemos as árvores com suas diferentes alturas e formas... os pássaros... o chão... o pequeno rio...

Entremos no bosque e ouçamos cada som: o canto dos pássaros... o silvo dos grilos... os nossos pés pisando no chão...

Caminhemos observando cada manifestação da natureza até a clareira central... Lá está a rainha do nosso coração, a Devata Kakini na forma de mulher. Vamos pedir algo, falar, escutar, sentir...

Voltemos ao bosque... escutemos os sons... vemos as árvores... os raios do sol desenhando figuras no chão... os peixes no pequeno rio... o barulho e as bolhas de ar da água correndo nas pedras...

Saímos do bosque e lá estão os raios... trovões... furacões... águias...

Saímos do nosso coração... sentimos o pulsar no corpo...

Estamos agora na posição em que iniciamos a prática e vamos nos mover lentamente. Por fim, abrimos os olhos, encerramos a concentração e voltamos ao mundo material.

Não tenha pressa, use o tempo confortavelmente a seu favor. Imagine e sinta o máximo que puder. Não divague, você deve estar comandando a imaginação todo o tempo. Adormeça imaginando e sentindo tudo isso. Não se preocupe com o tempo. Faça com frequência.

Se você preferir desenvolver a concentração e a intuição pronunciando algo, uma sugestão é utilizar a seguinte frase OM MANI PADME HUM (pronuncia-se OM MANI PADME YOM). De uma forma simples, essa frase significa "Ó meu Pai que está em mim".

Para fazer esta prática, relaxe, inspire e quando soltar o ar pronuncie a primeira sílaba, alongando o som de cada letra, inspire e repita o processo com cada sílaba pelo tempo que quiser.

Você vai se sentir bem tranquilo(a) após fazer essa vocalização, além de estabelecer uma ligação com o Pai, desenvolver a intuição e muito mais.

Outra prática bem simples e eficaz com vocalização para desenvolver a concentração, e ainda ativar em determinado grau alguns *chakras* ou discos energéticos do nosso corpo.

Basta escolher uma posição confortável sentado(a) ou deitado(a), relaxar o corpo e inspirar profundamente pelo nariz. Ao soltar o ar, pronunciar verbalmente uma vogal, alongando-a e se concentrando no seu som ou, melhor ainda, imaginando a cor e o giro do disco correspondente – todos os *chakras* giram da esquerda para a direita, como os ponteiros de um relógio visto de frente.

Ao finalizar a expiração, inspira-se novamente e, ao soltar o ar, volta-se a vocalizar a mesma vogal, e assim segue. Uma dica: ao finalizar uma exalação, examine momentaneamente (alguns centésimos de segundo) sua concentração.

Se divagou, traga sua atenção de volta e siga com a prática. Estando bem concentrado, não é necessário.

Em seguida, inspire, e ao exalar, faça como se estivesse iniciando o exercício. Isso permite que se faça a vocalização sem deixar que venha a mecanicidade, e pode prolongar muito o tempo de concentração. Sempre devemos manter nossa mente sob vigilância. São muito importantes: a concentração, a imaginação e a constância – fazer diariamente. Pode começar com uns cinco minutos diários, mas aumentando gradativamente, sem perder a concentração. Quando conseguir manter-se concentrado vocalizando por uma hora diária terá os melhores benefícios. Esse é o tempo recomendado, mas muito antes disso já se evidenciam os resultados. Vale o esforço.

Se você quiser, faça algum tempo uma vogal, depois passe a outra seguindo a ordem que está nos próximos parágrafos. O resultado é gradativo e vem com naturalidade. A natureza não dá saltos.

Iiiiii faz vibrar um *chakra* da cor do quartzo rosa, que existe entre as sobrancelhas e traz muitos poderes, como enviar mensagens do que se precisa para o exterior ou para uma pessoa – o esotérico encontra ensinamentos, o comprador precisa de vendedores, o vendedor precisa de compradores; quando precisamos de algo e esse algo "surge" sem explicação; quando queremos falar com alguém e esse alguém já sabe o que queremos. Outro poder é a clarividência. Ativa a pineal e a pituitária.

Eeeeeee faz girar o *chakra* da laringe de cores prata, verde e azul (pode-se imaginar a luz da lua refletindo na água à noite), que traz o poder de escutar outras dimensões da natureza. Influi na tireoide e facilita para ter consciência nos sonhos.

Ooooooo é importantíssimo. Faz girar o disco dourado do coração, que facilita para investigar outros mundos, traz a intuição, compreensão e muitas faculdades do coração.

Uuuuuuu faz girar o disco com vários tons de vermelho da região do umbigo, a nossa antena receptora de mensagens, impressões e energias. Alimenta todos os outros *chakras* e traz a telepatia (no sentido de receber informações).

Aaaaaaa faz girar os *chakras* dos pulmões que trazem o poder de recordar existências passadas. Ativa a glândula timo, uma das responsáveis pelo sistema imunológico, e assim, nos protege e elimina muitas doenças.

Existem ainda o *Mmmmmmm* (órgãos sexuais), o *Ssssss* (o silvo mágico) e sons correspondentes a outros *chakras*.

Uma sugestão é vocalizar as vogais e depois escutar a pineal. Esta glândula emite um som parecido com o canto do grilo ou com um *Iiiiiii* bem agudo.

Ao concentrar-se neste som (escutar sem pensar em outra coisa), a pessoa dorme quase instantaneamente, tem experiências místicas, mensagens enquanto dorme etc. E desaparece o tempo de forma que descansa muito mais que o sono. A pessoa nem se dá conta que entrou nesse estado, mas quando "acorda" vê que passou algum tempo e está renovada.

E ainda pode ter uma experiência extraordinária – embora ela deva ser cotidiana. Ao ouvir com atenção esse "grilo" que está na cabeça, virá uma imagem. Ao ver essa primeira imagem, levante da cama ou cadeira devagar e dê um pequeno salto. Se você não sentir peso ou se elevar no ambiente, é porque seu corpo físico está dormindo – mas você está acordado(a).

Esse é o terceiro item citado na preparação: <u>ter um sono reparador com sonhos instrutivos, premonitórios e, especialmente, conscientes.</u>

O sono após essa e outras práticas será muito reparador e você poderá voltar com informações preciosas para sua vida. Treinando frequentemente a concentração, começará a ter sonhos que mostram acontecimentos futuros tendenciais, ou seja, tendem a acontecer, mas você pode alterar ou se prevenir se entender a simbologia (o sonho não mostra a situação exata, senão que troca nomes, fatos e acrescenta símbolos propositalmente para que você fique intrigado(a) e investigue o significado).

E os sonhos conscientes como esse citado na experiência acima, como funcionam?

Simples, você passa a comandar um outro corpo que todos temos ainda que de forma precária (precisamos bioconstruir esse corpo para tê-lo de verdade). É um corpo "fluídico" que tem o nome de corpo astral.

Não se preocupe, não tem nada de sobrenatural nem religioso e nem perigoso nisso. Apenas seu corpo dormiu e você continua consciente. Quando seu corpo físico chamá-lo, você vai acordar como sempre fez.

Com esse corpo astral, podemos fazer coisas que não são possíveis com o corpo físico. Que tal voar com uma sensação indescritível? Ir à casa de um amigo? Entrar no sonho do amigo? Conhecer pessoas que também fazem esse processo? Que tal conhecer os que moram nessa vibração invisível para o geral da humanidade? Estudar? Visitar novos lugares?

São algumas possibilidades ao seu alcance.

Então, vocalize as vogais e depois ouça o "grilo" da cabeça, ou apenas ouça o "grilo", pois vai ter o mesmo resultado, mas a vocalização é uma forma de fazer vibrar os *chakras* que facilitam o processo e aprofundar a concentração.

Quando vir a primeira imagem, levante da cama ou cadeira com muita calma (para não acordar) e dê um saltinho. Se você flutuar é porque já se completou o processo e pode explorar o novo mundo à vontade. Caso sinta que seu corpo material está o chamando (sentirá como um puxão) e queira ficar mais na experiência, aperte com a mão qualquer objeto que esteja à sua frente. Isso permite que o corpo físico continue dormindo, e você na sua experiência. Para facilitar é bom acostumar a ter algo na mão enquanto estejamos em nossas atividades diárias, pois assim, também teremos um objeto quando estivermos dormindo e será mais fácil apertá-lo para não voltar ao corpo físico involuntariamente e com tanta rapidez.

Esse passeio em outro mundo é chamado de desdobramento astral ou viagem astral. É algo muito legal e necessário que amplia bastante a nossa visão da vida. Por exemplo: talvez a gente chegue à conclusão que temporário é o mundo físico e duradouro é o mundo astral, onde estivemos antes e estaremos depois deste corpo físico. Além disso, a experiência nos dá muito ânimo, o que faz com que vejamos outras formas de fazer essa viagem e desenvolver a concentração:

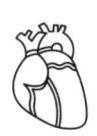

Uma prática muito simples e benéfica é a concentração no coração: basta se sentar ou se deitar em uma posição confortável, relaxar e passar a sentir o pulsar do coração. Imagine o órgão vivo, o sangue entrando e saindo, modifique o ritmo à vontade, sinta o pulsar em um dedo do pé, em um dedo da mão, na cabeça ou qualquer parte do corpo. Reflita sobre o coração, sobre como ele funciona, sobre sua importância etc. Ou apenas sinta-o sem pensar em outra coisa e não se preocupe com o tempo. Faça isso seguidamente e não permita que venham pensamentos diferentes do objetivo. Você deve comandar a concentração.

Além de desenvolver a concentração, ao aprofundar um pouco, você sentirá como se seu corpo estivesse diferente, talvez pareça estar com uma perna levantada, ou se sinta em uma posição diferente da que você estava. Sentirá uma vibração crescente e um barulho na nuca parecidos com um motor e talvez um estremecimento, ou frio como o que você sente antes de dormir. Não se preocupe, é normal.

Mantenha a concentração. Não se vire nem se mexa neste momento. Mais alguns segundos e seu corpo material estará dormindo e você estará consciente e em condições de explorar um mundo incrível.

No momento em que sentir que seu corpo perdeu o peso e subiu um pouco ou deslizou em direção à cabeça, levante-se devagar, muito devagar. Ao ficar em pé, dê um pequeno salto para a frente e verá que você pode flutuar. Talvez seu corpo vá até perto do teto com esse pequeno esforço.

Se não se fascinar com a situação e tratar como algo normal, você poderá ir aonde quiser nesse outro mundo. Quem sabe examinar cenas do seu passado?

Bem, aí já precisamos de mais prática, domínio e permissão. Sugiro que, sem perder tempo, peça para o seu Pai que habita em seu interior que o leve a um templo de ensinamentos. Existe um com o nome de Igreja Gnóstica. Peça que Ele leve você a esse.

Muitas crianças fazem esse processo naturalmente e voam ou controlam seu sonho. Adolescentes o fazem apenas pedindo à sua Mãe interna (todos temos uma Mãe e um Pai que habitam em nosso interior) que os tirem conscientes em corpo astral. Os adultos criaram mais complicações com a vida ou, por algum motivo, têm que treinar um pouco mais, mas é algo que está ao alcance de todos. É mais fácil se o fígado estiver saudável, mas não "encuque" com isso.

Experimente. Faça com constância. Torne essa experiência algo diário!

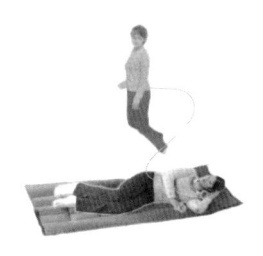

Mais uma prática de concentração e de desdobramento, esta com o uso de uma palavra mágica chamada de mantra. Alguns mantras têm poder para a cura, outros para proteção, etc. E alguns têm o poder de nos deixar conscientes enquanto nosso corpo dorme, por exemplo: o mantra *LAAA – RRRAAA – SSS*.

Para fazê-lo, não esteja com o estômago cheio, sente-se ou deite-se (preferencialmente de costas no colchão para ter mais controle do sono), relaxe, inspire e, quando soltar o ar, pronuncie LAAAAA. Inspire novamente e, ao soltar, pronuncie RRRRRAAAAA (o "R" é como um motor ou como o "R" da palavra motor, assim: motorrrrr). Inspire e, ao soltar, pronuncie SSSSS (como um silvo ou como o ar que sai de um pneu furado).

Pronuncie muitas vezes. Se quiser, pode seguir pronunciando verbalmente ou, depois de algumas vezes verbais, passe a fazer mentalmente ou ainda faça tudo mentalmente (entendo que com algumas vezes verbais tem mais força o mantra). Use o tempo a seu favor, faça o exercício por 40 minutos ou uma hora, porém, sempre concentrado. Quanto mais fizer, mais efeito terá o mantra. Com o treino e o desenvolvimento deste poder, o desdobramento astral será muito mais rápido.

Se estiver fazendo verbalmente, ao começar o processo em que o corpo material vai dormir, pode ser que você sinta como se tivesse um balão de ar na sua boca – é uma sensação gerada porque você está passando a comandar um outro corpo, mas ainda comanda o corpo material também. Apesar de sentir vontade de se virar para ficar de lado no colchão, continue de costas. Se estiver sentado, continue assim. Falta muito pouco.

Virão outras indicações que incluem um estremecimento, uma sensação momentânea de frio ou eletricidade passando, uma vibração duradoura na nuca. Logo depois disso, poderá se sentir sem peso ou como se tivesse inflado... é porque seu corpo adormeceu, mas a consciência, não. Você está consciente.

Levante-se muito calmamente e dê um pequeno salto para verificar que você pode flutuar – se não flutuar é porque ainda não se completou o processo de adormecimento do corpo físico. Neste caso, o recomendado é fazer a vocalização novamente.

Mesmo que você não faça novamente, lembrará muito mais de seus sonhos e eles serão diferentes. Às vezes, com símbolos e orientações para o dia a dia, em outras, você se dará conta de que está sonhando e deixou o corpo físico dormindo. Então passará a comandar o seu sonho, ou deixar de sonhar e ir para onde quiser.

Faça com todo o empenho. Coloque isso como uma missão que será cumprida. Encare como se fosse questão de vida ou morte e verá o resultado.

Seu ânimo é renovado com a experiência.

Talvez precise treinar um pouco para saber o momento em que se dorme. Observe sensações como um clarão (como se piscasse uma luz), um estremecimento, um frio ou ainda o corpo ficar vibrando.

Pode ser uma sensação diferente de acordo com a prática feita ou é diferente para cada pessoa e depende do estágio da concentração.

Porém não espere nada de fantástico, você já deve ter sentido isso centenas ou milhares de vezes mesmo sem ter feito qualquer prática destas e nunca teve uma sensação exagerada e nem se deu conta. Mesmo fazendo a prática, muitas pessoas não se dão conta que dormiram e continuam o exercício quando poderiam estar investigando esse outro mundo.

Se esperar por uma sensação exagerada – que não virá –, a pessoa pode começar a sonhar e desperdiçar o momento. Nada é exagerado, senão que é natural.

Para realizar essa experiência, volto a dizer que não se preocupe com o corpo, ele estará dormindo e acordará como sempre fez.

Não fique eufórico nem orgulhoso, e não tenha medo, pois é um processo natural, normal e agradável. Caso fique com medo ou eufórico, acordará imediatamente ou nem acontecerá o fenômeno, e você terá perdido a oportunidade.

Qualquer que seja a prática escolhida, não ponha nenhuma dúvida, apenas diga para si mesmo que vai praticar o desdobramento astral e faça o exercício.

Não é muito bom fazer com o estômago cheio. Também as agitações e distrações do dia ou estar muito cansado dificultam bastante e diminuem a capacidade de investigação. É importante cuidar do corpo e manter a energia para fazer essa prática. Mas não use isso como desculpa ou justificativa. Faça a prática. Esforce-se.

Normalmente nossos sonhos são incoerentes, mudando de uma situação para outra, e inúteis, não nos trazendo o que precisamos. Isso acontece porque nossos defeitos se identificam com os acontecimentos no mundo material.

Se mantemos a atenção na respiração, fazendo inspirações longas e tranquilas, evitando ficar ofegante, e fazemos isso ao longo do dia, ficamos mais calmos, centrados, e diminuem as identificações.

Quanto menos nos identificarmos durante o dia, mais duradouros serão os nossos sonhos, até que despertemos frequentemente nesse outro mundo.

"Não se identificar com nada", essa é a orientação e a cobrança da Lei Divina neste momento.

Por outro lado, se no mundo astral vivemos tudo que nos impressionou no mundo material, então é necessário fazer a consciência se impressionar. Chamamos isso de capacidade de assombro.

Você pode desenvolver essa capacidade durante o dia com a seguinte prática: observe tudo ao seu redor, especialmente quando chegar a um local, e se assombre com algo.

É muito importante provocar o assombro e podemos fazer isso com tudo. Podemos causar um impacto em nós mesmos assim: "ué! Essa caneta não estava aqui!", "que carro estranho!", "que casa diferenciada!", etc. E, em seguida, se perguntar: "será que estou em astral?", e dar um saltinho querendo flutuar.

É melhor fazer todos os passos com bastante frequência: se assombrar com algo, se perguntar se está em astral e dar o pequeno salto, pois isso se gravará em nosso subconsciente ou na consciência, e faremos isso também quando estivermos sonhando, com a diferença que no sonho flutuaremos e a nossa consciência despertará, permitindo que deixemos o sonho para ir onde quisermos.

Sempre que tiver uma experiência no astral, ao acordar, anote a experiência e procure não contar para outras pessoas. É uma experiência íntima e particular – a não ser que você já tenha um guru. Esse guru é escolhido conscientemente no astral e poderá auxiliar no significado de algum "sonho", experiência ou visão.

Nem sempre você lembrará tudo que viveu enquanto o corpo físico estava dormindo. Se quiser aumentar as lembranças, não se mova ao acordar e deixe na mente a última lembrança. Com isso, vão voltando as recordações.

Essa experiência de viver enquanto o corpo dorme é muito legal e muito importante.

Treine. Vale o esforço.

Essa é sua primeira tarefa para entrar num grupo seleto da humanidade. Cumpra a tarefa.

Dedique um tempo do seu dia para você. Faça essas práticas de concentração.

Se ficar dúvida na explicação ou queira vir com a gente nesta busca, entre em contato com o autor pelo *e-mail* alexandre.autor33@gmail.com. Só lembre que o autor é um praticante como você – não espere muito dele.

Temos que corrigir uma série de atitudes nossas para melhorar a concentração e para o nosso desenvolvimento interior. Esse é o outro item da nossa preparação.

Temos a tendência de nos fascinarmos com as coisas ao nosso redor: livros, Internet, computadores, filmes, celulares, jogos, cenas, carros, sapatos, pessoas do sexo complementar, casas, enfim, existem muitas atrações que nos fazem ficar com a consciência adormecida e não nos desenvolver interiormente. Essas atividades roubam o que nos é preciso: tempo, energia e consciência.

Essa característica nossa de deixar o que exige algum esforço para ficar, por exemplo, apenas assistindo à televisão ou às redes sociais é parecida com a preguiça e deve ser diminuída ou eliminada se quisermos nos desenvolver interiormente.

Talvez seja necessário nos desligar temporariamente de redes sociais e entretenimentos. Com algum tempo praticando, vamos comprovar que não são uma necessidade. Não precisamos postar sobre nós a todo momento e nem ficar sabendo de outros. Os filmes e novelas nos criam sonhos dos quais queremos nos livrar.

Igualmente é desnecessário, prejudicial e antagônico utilizarmos qualquer tipo de droga, inclusive chás alucinógenos, para desenvolver a consciência ou poderes internos. É preguiça querer experiências místicas utilizando essas substâncias.

Nós precisamos é diminuir ou eliminar essa preguiça

que se manifesta de diversas formas, assim como outras características ou defeitos psicológicos que são um peso enorme e atrapalham nossa vida.

Se algo em nós quer utilizar chás alucinógenos, temos que tirar essa vontade, curiosidade ou preguiça de dentro de nós e tratar de despertar a consciência para termos experiências verdadeiras.

Se temos muita gula ou ansiedade, isso vai nos fazer comer demais e não poderemos fazer as práticas, além de bagunçar as nossas energias, impedindo a bioconstrução. Precisamos as energias organizadas, logo, teremos que eliminar muito da gula.

Se temos exacerbada a luxúria, prejudicamos a nós e aos outros fazendo, por exemplo, frases ou brincadeiras de duplo sentido – ou coisas piores. Isso nos atrapalha de dia e de noite e deve ser eliminado. Se temos ansiedade, deve ser eliminada. Se temos fantasias, a mesma coisa.

A ansiedade ou nervosismo pode nos atacar em determinadas situações ou continuamente, mas para podermos iniciar a fabricação do corpo, temos que diminuir muito a atuação dos seus soldados, já que a ansiedade tem um exército de outras ansiedades e nervosismos a seu dispor, e nosso trabalho é diminuir esse exército e não nos identificar – identificação é quando um defeito toma conta de nós, quando vemos o mundo com os olhos de um defeito, quando esquecemos de nós, quando um defeito se impressiona com algo.

Então é importante não nos identificarmos com as situações do dia a dia para não criar mais soldados ansiosos dentro de nós.

Para detectar esses soldados prejudiciais, utilizamos a auto-observação. Para representar a auto-observação e a consciência, nossos sonhos podem mostrar uma lanterna.

Temos que utilizar essa lanterna no dia a dia, voltada ao que está acontecendo dentro de nós, e assim vamos mudar a ideia que temos sobre nós mesmos. Temos que estar sempre observando as reações do nosso interior.

Alguém pode pensar que não tem ansiedade ou nervosismo, mas ao observar-se interiormente, pode descobrir que, eventualmente, começa a cutucar ou roer as unhas, bater os pés no chão, bater os dedos na mesa, quem sabe, sentir muitas preocupações e algo ligado à pressa.

Sem acontecer nenhuma situação fantástica – ou seja, frequentemente –, pode sentir um frio na barriga, o coração disparado, talvez uma secura na garganta.

Isso tudo poderá avançar para distúrbios de digestão e sono, úlcera, gastrite, ejaculação precoce ou impotência sexual (talvez seja melhor chamar de orgasmo precoce e disfunções sexuais, já que podem atingir ambos os sexos), ou pior, se tornar um transtorno de ansiedade ou ainda crises de pânico.

Cada um desses sintomas é criado por vários soldados ansiosos, então temos que eliminar muitos até nos livrarmos daquele sintoma. É como termos um enxame de vespas nos atacando: vamos notar resultado após nos sacudirmos bastante e afastar muitas delas.

A luxúria tem outro exército. A fantasia tem outro exército. A ira, a mesma coisa, a preocupação também, e todos os outros defeitos, idem.

Caso não os mitigarmos – ou, melhor, os eliminarmos – e continuarmos manifestando esses sintomas frequentemente, a nossa energia capaz de gerar um corpo melhor segue sendo malgasta, e desaparece, impedindo que se crie o corpo, mesmo que façamos o procedimento correto.

É como acendermos a tela de um celular a cada trinta segundos. Obviamente, se fazemos isso, a bateria do aparelho descarrega muito mais rapidamente do que se mantemos a tela desligada.

Ou então imaginemos que vamos passar os dias inteiros fazendo repetições incessantes do mesmo movimento. Obviamente, nosso corpo ficará esgotado e teremos que suportar o resultado que jamais será a fortificação dos músculos, senão que, ao contrário, haverá exaustão, enfraquecimento e não teremos energia para fazer outras atividades.

Isso acontece em nosso interior e não nos damos conta que estamos enfraquecendo o corpo e criando doenças.

Muitas doenças não são mais do que as consequências dos exércitos de defeitos que agem incessantemente em nós no pensamento, sentimento e ações. O psicológico cria doenças. Para eliminar muitas doenças, o caminho mais seguro é eliminar os defeitos e não se identificar.

Quando a situação fica mais grave, alguns optam por medicamentos e acompanhamento profissional, que podem ser necessários, mas às vezes, se cria outro defeito psicológico para encobrir o anterior ou modifica um sintoma, mas não o elimina.

Você pode resolver definitivamente o problema. Não ignore que em si está a energia mais poderosa para a superação. Não menospreze a si mesmo dizendo que você é assim e não pode mudar, isso seria uma atitude medíocre e você pode mais do que isso. Em ti está oculto o poder mágico capaz de eliminar cada uma das causas desses sintomas e até o "general" dos defeitos.

Então, com a auto-observação, detectamos a atuação de um defeito ou característica que está gastando inútil e desnecessariamente nossa energia, além de nos causar sintomas que não queremos. Essa auto-observação traz um autoconhecimento vital porque ninguém pode eliminar o que não conhece.

A não identificação é também necessária, e junto com ela alguma reflexão. Identificar-se é como estar sobre um banco que queremos mover. Obviamente, é necessário sair de cima dele para conseguir nosso objetivo, e no campo psicológico é a mesma coisa.

Apesar de essenciais, a auto-observação e a não identificação, e mesmo a nossa vontade, não são suficientes para eliminar algo de nós. Felizmente podemos contar com algo que pode desintegrar definitivamente isso.

Para eliminar mesmo é necessária uma força muito poderosa que todos temos em nosso interior, mas geralmente desconhecemos. Os orientais chamam com o nome de Kali, que é um dos aspectos da Kundalini interior. Na mitologia, ela aparece como Isis, Atena, Ártemis e um infindável número de nomes de Deusas caçadoras. Nas religiões cristãs, ela aparece como Maria ou Nossa Senhora. Sim, Ela está em nosso interior.

Com o autoconhecimento, verificamos que tudo que existe externamente a nós existe também internamente. "Como é dentro, é fora, como é acima, é abaixo". Assim, o que é bom e o que é mau está fora de nós, mas também está dentro. O apocalipse citado pelos livros sagrados está dentro e é criado pelos nossos defeitos. Deus está dentro e essa força feminina, qualquer que seja o nome que utilizemos Dela – Mãe Divina, por exemplo – igualmente está dentro de nós.

Essa é a força capaz de eliminar nossas características indesejáveis, e o requisito é que observemos a tal característica sem nos identificar e que realmente queiramos eliminá-la.

Se existem essas condições, no momento em que notamos um defeito agindo em nós, ordenamos energicamente (pode ser mentalmente) que nossa Mãe desintegre ou elimine o defeito em questão, com a segurança de não termos mais esse defeito. E assim será.

A Mãe Divina eliminará no mesmo momento se for algo bem pequeno, um pensamento, por exemplo. Mas tenha em mente que temos muitos defeitos ou características semelhantes – lembre-se do enxame de vespas – e por isso temos que pedir de forma militar ou ordenar muitas vezes, até que cesse um ataque desse exército.

Não tenha receio de ordenar, pois a energia que colocar no pedido será usada para eliminar o que você quer deixar de ter, e não há ofensa à Mãe nisso.

Devemos seguir atentos e, ao notar o ataque do mesmo exército ou de outro – que pode ocorrer segundos depois –, voltamos a ordenar para que a Mãe o desintegre. Faremos isso quantas vezes forem necessárias.

Não tenha receio de pedir 50 vezes ou mais num dia e outras 50 no dia seguinte. Se você fizer de forma consciente, sua Mãe Divina fará com muito gosto e você ganhará muito.

Tenha a certeza de que com esse procedimento a vida vai ficando mais leve. Deixaremos muitos vícios para trás e modificaremos características que profissionais dizem que não é possível modificar.

Você é senhor(a) da sua vida e pode (com o auxílio da Mãe) modificar tudo o que quiser. Não existe o impossível.

Com isso, lembrei de um amigo que conhecia esse procedimento. Ele tinha muita timidez e, para eliminá-la, ia a locais com muitas pessoas e fingia fazer uma pergunta. Isso para ver o que acontecia com seu corpo e mente. Imediatamente disparava o coração e ele ordenava: "Mãe, desintegra esse defeito!". Logo vinha um pensamento do tipo: "vão achar que é uma pergunta idiota", e ele voltava a ordenar: "Mãe, desintegra esse defeito!". Mais meio segundo e vinha outro pensamento que dizia: "vão estar todos me olhando", e novamente ele ordenava.

Fazia isso várias vezes quando estava com mais pessoas e, como resultado, ele foi sentindo que diminuía a ação daquela característica sua, até que pôde perguntar o que quis sem suar, sem disparar o coração, sem sentir um frio na barriga... ou seja, sem timidez ou vergonha. E sem ninguém saber que ele fazia esse trabalho psicológico.

Isso foi maravilhoso para ele. Mudou a sua vida exatamente como eu e você podemos fazer com a nossa, e não se limita à timidez, senão que tudo o que quisermos podemos mudar, afinal, é a nossa vida e nós mandamos nela.

Às vezes, mesmo um defeito psicológico que achamos que é grande, com pouco trabalho, ele se vai.

Outras vezes, quando uma característica ou defeito é um pouco maior, é porque ele tem a seu serviço muitos pequenos que utiliza para nos atormentar. Nesse caso, a forma mais fácil é eliminar os pequenos. Assim, o grande fica pequeno e é exterminado.

Se quisermos eliminar diretamente o grande pode ser necessário, em um outro momento – ou outros momentos –, utilizar a reflexão e a retrospecção para ver quanto prejudicial, inútil, sem sentido e desnecessário é aquilo para nós e, afinal, para compreender (não justificar) aquela situação. Depois disso, na mesma reflexão, sempre pedir para que a Mãe elimine. Podemos imaginar a Mãe com uma lança de fogo queimando o defeito.

Assim, pode demorar um pouco – em algumas situações, um ano ou mais –, pois temos que aprofundar na investigação, mas vamos avançando até eliminar qualquer característica ruim.

Quando a característica é muito grande ou antiga, vamos ver que nos concentramos, lutamos, refletimos, compreendemos, e aquilo continua em nós. Claro que devemos insistir, eliminar os pequenos, aprofundar a compreensão, e em muitos casos conseguiremos, mas se começar a aparecer em sonhos uma imagem de que temos que pegar uma espada para combate (tem outros significados também), quer dizer que será necessário fortalecer a energia que pode nos transformar para poder eliminar a característica em questão. O fortalecimento dessa energia envolve a união do homem e da mulher.

Sem utilizar esse último procedimento, mas aplicando os anteriores, já vi pessoas que bebiam por vício deixarem de beber, pessoas que fumavam deixarem de fumar e não ficarem enjoadas com o cheiro do cigarro dos outros.

Quem tem nojo de algo pode deixar de tê-lo. Se vive com muitas preocupações, pode deixar isso para trás. Quem tem medo pode se livrar dele. Se sente fome a cada duas horas ou se não come, sente dor de cabeça, mau humor e quase um desespero, pode deixar de sentir isso, pois não faz parte da pessoa original, senão que se agregou.

Quando a pessoa deixa de ter vários desses agregados, pode começar a aparecer em sonhos pessoas ou animais mortos, ou ainda um cemitério. É um sinal de que estão deixando de existir algumas faces nossas. Vá em frente!

Cada um tem a sua particularidade para seguir esse caminho interior – o caminho é individual. Cada um tem sua psicologia própria e assim é necessário falarmos do geral, e não do específico. Por exemplo: para eliminar os defeitos, algumas pessoas precisam vivenciar uma situação que idealizam para perceber que o evento não era tudo que imaginavam (não era fantástico), e então a Mãe Divina poder eliminar. Outros compreendem como o defeito age e isso é suficiente.

No geral, todos precisamos nos conscientizar do mal que nos traz aquele defeito para que assim a Mãe possa desintegrá-lo. Isso para alguns defeitos maiores, porque muitos grandes se tornam pequenos e os pequenos não têm muita energia e são eliminados logo que os detectamos e solicitamos a ação dessa força poderosa que temos, conforme dissemos anteriormente.

Os Mestres chamam esse trabalho de morrer. Devem morrer muitas de nossas faces. Esse é o morrer interior, chamado também de morte mística.

Veja estas frases, a primeira de Leonardo da Vinci e a segunda de Francisco de Assis:

"Quando eu pensar que aprendi a viver, terei aprendido a morrer."

"Morrendo nascemos para a vida eterna."

Nisso de morrer misticamente, temos algo muito interessante que se chama memória-trabalho.

Se estamos trabalhando seriamente sobre nós mesmos, essa memória nos ajuda na auto-observação de forma que no momento em que agir um defeito de um exército que já está na nossa mira, a memória-trabalho nos soa um "bip" avisando do ataque para que o eliminemos. Às vezes, ela ainda nos coloca na tela mental as consequências sofridas pela ação de um desses soldados do mal em ocasiões anteriores.

Com essa morte, vamos deixando de ser o que somos, nos libertando das amarras e prolongando nossa vida. Sem dúvida, a vida é outra quando tiramos o peso de uma série de características ruins.

Quando tivermos deixado muito do peso que é a ansiedade ou nervosismo, a ira, a cobiça, a mentira, o orgulho, a preocupação, o "eu noveleiro", etc., saberemos o que é viver e teremos organizado nossas energias. Com isso, poderemos bioconstruir nosso(s) corpo(s).

Mas qual a vantagem de bioconstruir um corpo?

São muitas vantagens: resistência a doenças, ativação completa dos *chakras* e suas glândulas correspondentes, desenvolvimento de faculdades como a intuição, viajar conscientemente pelo mundo dos sonhos, investigar outras dimensões do universo, conhecer os elementos da natureza, dominar a mente, atrair aquilo que precisa sem esforços desnecessários, ter visões do futuro, investigar existências anteriores, desenvolver o cérebro, a inteligência, conhecer a ciência, a medicina, a astrologia, negociar o Carma etc. Quem sabe, morar em outro mundo. Essas são apenas algumas vantagens, pois são inúmeras.

Preocupe-se em se preparar por meio de uma vida mais natural, da ativação da concentração, de estar consciente enquanto o corpo material dorme e da eliminação de características ruins. Então conhecerá como fazer nascer um novo corpo. É como diz o ditado esotérico: "Quando o discípulo está preparado, o Mestre aparece".

Realize esse trabalho de forma simples e saberá por você mesmo, independentemente da opinião de outros ou pesquisas.

Não discuta se ouvir de alguém que para eliminar um vício são necessários remédios ou pior que isso, porque quem pensa dessa forma nunca praticou e não sabe das possibilidades. E discutir não muda a situação. "Nós falamos outra língua", "estamos livres dessa 'estória' e nossa trajetória não precisa de explicação"*. Podemos experimentar em nós mesmos o resultado da nossa prática e não precisamos provar nada a ninguém.

---

* "O exército de um homem só" – Engenheiros do Hawaii, 1990.

Então, quando tivermos completado essa preparação, seremos instruídos sobre o procedimento correto para a construção dos corpos não por estudantes e praticantes, como este autor, mas quem sabe por Mestres da alquimia medieval como Raimundo Lulio, Hermes Trismegisto, Maria – a Judia, Francisco de Assis, Antônio de Pádua, Nicolas Flamel e sua esposa Dame Perenelle Flamel, etc. Ou por Mestres de manifestação moderna que ensinam a mesma alquimia, mas de forma muito mais fácil de ser entendida, como Samael Aun Weor e Rabolú.

Alquimia medieval? Mas a alquimia medieval não buscava transformar chumbo em ouro? E a alquimia moderna tem a ver com isso?

Sim e sim, porém recorde que tudo que está fora está também dentro, e assim, a alquimia também ocorre dentro de nós, criando e transformando os corpos físico, vital, astral, mental, causal, búdico e átmico em corpos solares e depois corpos de ouro.

Os alquimistas medievais mantiveram como um segredo, que era passado somente para pessoas preparadas – que fizeram esta preparação que indicamos antes, pois essa era a regra universal para a época. O segredo sobre alquimia ou transmutação de energia para construção dos corpos não poderia ser entregue, a não ser de lábios a ouvidos e de forma simbólica para ser entendida depois de muita meditação.

Nicolas Flamel, por exemplo, criou seu testamento deixando o que tinha de mais precioso para seu sobrinho: o ensinamento. Esse testamento foi codificado e criptografado com um alfabeto de 96 letras e somente cerca de 350 anos depois uma pessoa não preparada conseguiu decifrar o código e ainda assim encontrou algo totalmente simbólico, de forma que até hoje a humanidade em geral não entendeu o real objetivo e o procedimento.

Ele, assim como outros alquimistas, usa sol e lua para representar homem e mulher, o mercúrio ou água para representar a energia sexual bruta, mercúrio dos sábios para a energia sexual transmutada, o enxofre para representar o fogo sexual e o espírito. Vênus para amor, além de números como o 9, para indicar que se deve ir ao profundo de si mesmo, e 13, indicando que devem haver mudanças no iniciado e eliminação do que é ruim antes e durante a construção – também na linguagem textual em frases como: "Purifica tu cuidadosamente a sujeira que surge na superfície" (elimine as características ruins que a auto-observação detecta).

Enfim, são muitos outros símbolos e elementos que dificultam a interpretação por parte de curiosos que não têm autorização. Veja a linguagem utilizada nestes trechos do Testamento de Nicolas Flamel:

[...] não se esqueça de orar a Deus para conceder-te a compreensão da razão da verdade da natureza [...]

A razão da natureza é Mercúrio, Sol e Lua [...] Mas errei muito [...] sem poder se casar com a Lua, que é Mercúrio, ao Sol, e extraí deles o esterco seminal, que é um veneno mortal, porque eu era então ignorante do agente ou meio, a fim de fortificar o Mercúrio: sem este agente, mercúrio é como água comum.

[...] toda a indústria filosófica consiste na preparação do Mercúrio dos sábios, pois ele é o todo de que estamos buscando, e que sempre foi procurado por todos os homens antigos e sábios, e que nós, não mais do que eles, teríamos feito nada sem este Mercúrio, preparado com Sol ou da Lua: pois sem estes três, não há nada em todo o mundo capaz de realizar a referida tintura filosófica e medicinal.

[...] É oportuno, então, que aprendamos a extrair deles a semente da vida e espiritual [...]

[...] Sol, Lua e Mercúrio preparado por uma indústria filosófica, que não molha as mãos, mas o metal, e que tem em si uma alma metálica sulfurosa, ou seja, a luz acendeu de enxofre.

[...] Eu tive um longo tempo e muito trabalhara nesta aflição, antes que eu encontrasse os meios para conseguir isso [...]

[...] Ocultar esse segredo, pois é o todo, e não confiar nele para o papel, ou para qualquer outra coisa que pode ser vista [...]

[...] para trabalhar naturalmente e simplesmente a tintura filosófica, ou o pó transmutando todos os metais em ouro e prata [...]

[...] alguns não acreditam ser verdade, porque eles são fracos e estúpidos, e não são capazes de compreender este trabalho [...]

[...] Tu tens agora o tesouro de toda a felicidade mundana [...]

Veja que os sábios demoraram muito para conseguir este segredo que agora está querendo habitar em seu coração. Não seja como pessoas comuns que ridicularizam e não acreditam. Você não é comum.

Isso tudo é magia do amor e do sexo. Está de acordo com o nosso Pai Interno, com a Mãe Divina e com o que disse Paracelso:

"Magia não é bruxaria, mas sabedoria suprema."

Outros Mestres alquímicos frisaram a necessidade do amor, da união do homem e da mulher e do segredo. Veja as seguintes frases: a primeira extraída da Tábua de Esmeraldas – o livro que deu origem à alquimia – de Hermes Trismegisto; a segunda de Maria – a Judia; e a terceira extraída do livro *O Caibalion* – onde se encontram compiladas leis herméticas:

"Dou-te o amor, no qual está contido todo o summum da sabedoria."

"Junta-te a um macho e uma fêmea e encontrarás o que buscas."

"Os lábios da sabedoria estão fechados, exceto aos ouvidos do entendimento."

Mesmo a mitologia ensinou sobre isso. Na mitologia

egípcia, por exemplo, Isis é a esposa de Osíris e seth (não merece letra maiúscula) esquartejou Osíris. Isis juntou as partes do corpo, menos o pênis, que seth jogou em um rio. Ela, então, fez um pênis de ouro e, com ele, ressuscitou Osíris. Aí está o ouro alquímico novamente.

Isis é a força responsável por nossos instintos, nossa Mãe Interna. Osíris é nosso Pai Interno, nosso Deus Interior, ou a grande consciência da qual fazemos parte. E seth é o que impulsiona os nossos defeitos e vícios, e estes fazem com que manifestemos nosso Deus Interior em um nível muito baixo, por isso a mitologia diz que seth mata e esquarteja Osíris. Nossa missão é manifestar o Pai em níveis mais altos até nos unir a Ele, bioconstruindo um ser humano verdadeiro.

Somente chegando até a força capaz de modificar nossos instintos – nossa Mãe – e tendo continuidade, seremos capazes de eliminar os defeitos, vícios, traumas psicológicos, sujeira que não deixa brilhar a nossa "Lâmpada de Aladim". E somente com essa força e práticas nossas, poderemos bioconstruir o corpo e transformá-lo em ouro para que nele habite nosso Ser Interior, ressuscitado tal qual nos ensina a mitologia.

O rio onde seth jogou o pênis é nossa energia sexual (a água dos alquimistas medievais), e com ela e mais a potência podemos regenerar e criar nosso corpo, ou corpos, porque a constituição do ser humano é sétupla. Mas para isso é necessário vencer muitas vezes o exército de seth que está dentro de nós.

Hoje em dia há muito menos segredo – talvez porque a nossa capacidade de entendimento esteja muito menor, a necessidade da preparação muito maior e o tempo que nos resta seja curto. O que não quer dizer que possamos falar tudo a respeito disso em um primeiro contato. É necessário que os buscadores procurem, encontrem e valorizem este tesouro.

Vejamos algumas pistas da construção do corpo em linguagem menos secreta, mas não completamente clara, pois todo este livro deve ser lido, relido, compreendido e vivenciado, já que não há frases sem objetivo aqui. E, assim, os que leem rapidamente não entenderão. Melhor assim.

Novamente podem aparecer símbolos: lança ou espada (o masculino), cálice ou taça (o feminino), Cruz Egípcia ou a representação do feminino (ovo ou círculo sobre uma cruz), representando que o homem necessita da mulher e a mulher necessita do homem – o caminho do celibato não conduz a pessoa à autorrealização.

O(a) solteiro(a) deve seguir na preparação até que o universo lhe dê alguém que possa complementá-lo(a), e quanto mais se preparar, mais rapidamente receberá o complemento.

O círculo é o espiritual e o útero; a cruz é a união sexual, sendo a parte horizontal a feminina e a parte vertical a masculina.

Assim, o significado é que a relação sexual é necessária, mas o Espírito deve estar sobre o sexo, ou seja, não devemos nos fascinar pela relação sexual. O cérebro deve comandar a batalha contra o sexo comum para que se tenha um sexo de tipo superior.

Temos que lembrar que esta bioconstrução é parte física e parte espiritual, ou seja, se utilizarmos somente o físico, teremos um sexo comum ou inferior. Se for somente o espiritual, não haverá fogo suficiente.

Toda a semente é importante. Seria uma tolice jogar fora sementes de frutíferas que gostamos e temos lugar para plantar. Se jogamos fora a semente, desaparece a possibilidade daquela planta nascer. Da mesma forma, a nossa semente traz a possibilidade de algo novo (espiritual) nascer em nós.

Dentro de nós, o fogo e a água devem ficar muito próximos, mas sem se tocar, porque a água apaga o fogo. Estando próximos, o fogo faz elevar a temperatura da água de forma que ela fica volátil e se transmuta em luz.

A temperatura tem que subir lentamente, sem ansiedade, sem pressa, sem euforia, preparando a espada e o cálice. Mesmo no encontro de espada e cálice, a temperatura continua subindo e deve ser gradual. É como um carro equipado com motor turbo diesel em que, logo que se liga, deve ficar um pouco em marcha lenta para que haja a lubrificação e preparação das peças.

Caso a temperatura do motor do carro suba muito rapidamente, poderá ter a vida útil diminuída e não terá a mesma qualidade. Com o corpo é igual.

Também não pode haver fogo demais porque passa da temperatura ideal e traz prejuízos ao carro – ou ao corpo. E não pode faltar fogo, porque o carro não anda.

É vital aprender a controlar o fogo.

São muito importantes a respiração e a imaginação. Antes, durante e muito depois, a respiração deve ser longa e profunda, trazendo a energia, o *prana* de fora para dentro e a imaginação poderosa e vívida, trazendo a luz de baixo para cima. Assim, seremos capazes de controlar muito do fogo e mover os elétrons, ou melhor, mover a luz para abrir os *chakras* e ativar as glândulas. Com a vocalização das vogais, vamos educando nossa respiração para essa prática e também durante o dia a dia a respiração longa, tranquila e concentrada é muito útil.

Esta obra tem uma fórmula, uma receita, como fazer um bolo, são necessários todos os ingredientes e saber fazer.

Cada corpo tem um ritmo, porém, se praticássemos de vez em quando, seria como ligar o forno para fazer o bolo e logo desligar, não resultando no aquecimento e continuidade necessários. Também não é com o objetivo do prazer, pois prazer é produzido pelo cérebro e aqui se busca ativar todo o organismo.

Um tio meu dizia que exercício deve ser feito de três a cinco vezes por semana, para dar um bom resultado. Ele se referia a exercício físico, mas a observação serve para a nossa reflexão.

Com o treino, em tese, pode-se praticar a cada 24 horas, dependendo de cada organismo e da idade, desde que nunca seja por obrigação, nem para cumprir um compromisso, nem com pressa e a ansiedade deve ser controlada (melhor se eliminada). É melhor na madrugada, pois é quando nossa energia está mais propícia para este trabalho. Após o corpo dormir algumas horas, as preocupações e problemas adormeceram e demoram a acordar, permitindo um controle melhor do fogo. No escuro do céu, sua luz pode brilhar mais.

Para praticarmos frequentemente, temos que saber guardar nossa energia para não estarmos muito cansados ao ir dormir, pois não conseguiremos acordar ou trabalhar com a energia na madrugada. Temos que ficar atentos aos ataques de seth, pois uma crise de ira, gula, luxúria ou outro desses pode roubar a energia por dias.

Não se deve praticar mais de uma vez a cada madrugada porque o corpo precisa desse tempo para fabricar a matéria-prima – o mercúrio. Para isso, existe a pausa magnética, que é o período até a próxima prática e durante sete dias a partir do início do ciclo da esposa.

Durante e por um longo período após essa prática, não se deve se molhar, pois do contrário a água vai apagando o fogo e, assim como em um carro com motor muito quente, se jogar água pode destemperar peças.

Quem desperdiça o fogo, na hora que precisar dele, não o terá.

As glândulas sexuais são endócrinas e exócrinas. A parte endócrina, que secreta hormônios no sangue, influi decisivamente na saúde, bem-estar e nos poderes que temos.

O ser humano, normalmente, desconhece que é possível não deixar atrofiar, "desatrofiar" e transmutar o que é sexual exócrino e aumentar o endócrino, e com isso, ativar as outras glândulas endócrinas: hipófise, tireoide, paratireoide, timo, pâncreas e suprarrenais.

Elas têm relação com os *chakras* que são ativados com as vocalizações diárias das vogais *I-E-O-U-A*, conforme falamos e insistimos que é importante.

Porém o desenvolvimento completo dos *chakras* somente se dará com a transmutação que pode ocorrer com a união de uma energia com polo positivo e uma energia com polo negativo, com aquecimento e uma vontade de que os elétrons se movam, ou seja, o homem e a mulher com amor e uma mística vontade – quem sabe, com uma palavra mágica como o IAO.

Por isso, o solteiro pode se desenvolver bastante, porém para se autorrealizar é necessário que se case para cultivar a semente.

Devido à importância da relação sexual e das funções que vimos, precisamos conhecer mais sobre as práticas sexuais. Existem três tipos:

1. **Comum ou normal:** práticas sexuais entre homem e mulher – um casal – buscando filhos, prazer e complementação de polos de acordo com a natureza. Geralmente existe amor, especialmente no início, porém ao longo do tempo esse amor vai sendo substituído por companhia, apego e outros sentimentos. Essa é a forma normal da natureza, mas hoje parece estar em desuso;

2. **Abaixo do normal:** é quando o ser humano já não se satisfaz com o que a natureza oferece de forma natural e passa a diferenciar, inventar, alterar, exagerar, abusar ou artificializar, buscando somente o prazer. O animal humano vai incorporando ao sexo uma porção de "novidades", e essas, aos poucos, vão se tornando normais. Sobre isso tudo, nos previne Leonardo da Vinci: "Tal é o prazer e a dor... saem de um tronco único porque têm uma só e mesma base, eis que cansaço e dor são a base de prazer e os prazeres vãos e lascivos estão na base da dor".

3. **Tantrismo:** são práticas em que junto à complementação sexual de homem e mulher estão objetivos místicos (negativos ou positivos). Dividem-se em três grupos:

    a. **Tantrismo negativo:** buscam poderes sem se importar com os outros seres, desenvolvem e cultivam defeitos (especialmente a inveja, luxúria e exibicionismo), valorizam muito a parte material, a beleza e a fama. Às vezes este grupo utiliza relações sexuais com mais de uma pessoa ao mesmo tempo. Envolve um ritual, que é bastante lascivo. O resultado são bruxos e bruxas que podem nos hipnotizar e roubar nossa energia. Temos que nos proteger dos seres que fazem parte deste grupo e para a proteção existem conjurações e orações[*];

b. **O segundo grupo vamos chamar de tantrismo alternado,** porque quem se enquadra neste tipo alterna entre o sexo comum e, talvez, o abaixo do normal, e, às vezes, quer construir corpos. Esse jogo duplo nos é prevenido pelos Mestres que engrandecem os defeitos, ou seja, caímos no item anterior. O praticante acha que avança, quando na verdade está retrocedendo, rolando ou caindo;

---

[*] Exemplo: Conjuração do Belilin – buscar na Internet Rabolú Belilin para conhecer as palavras e pronúncia correta ou aponte o celular para este QR code (ao pronunciar, pode fazê-lo utilizando a tradução):

c. Tantrismo positivo: os praticantes bioconstróem os corpos e têm filhos se quiserem ou se for determinação da Lei Divina. Buscam regenerar-se e desenvolver suas faculdades internas. As práticas não prejudicam ninguém, desenvolvem a compreensão entre o casal, constroem uma mente equilibrada, alegre, forte e determinada, mas exigem um trabalho para eliminar os defeitos e superar a si mesmo para dominar o fogo. São as práticas alquímicas que constroem ou permitem um novo nascimento – o nascer interior ou espiritual.

O nascimento de um corpo não se dá em um único dia, senão que é necessário fazer a prática muitas vezes, sempre dando atenção ao que falamos da preparação para não se estancar ou retroceder.

Estanca o nascimento também se mecanizarmos o amor. O amor se mecaniza ou se desgasta se não fazemos nada para alimentá-lo. O amor se alimenta com carinho e atenção.

Uma palavra, uma frase, um bilhete, uma carta, uma roupa, um gesto, um perfume, uma música, uma dança, um carinho. Muitos carinhos. Não é que tenha que estar sempre perfumado nem sempre se agarrando, porque isso iria para o outro lado, que é igualmente danoso.

É fazer brotar o amor ou ativá-lo. Como o fogo que está apagando e colocamos lenha, tornando seu calor e luz visivelmente maiores.

Se não o alimentamos, ao longo de algum tempo o Cupido se afasta e o casal passa a viver como irmãos, depois como amigos, logo como parentes e, por fim, existe apenas a convivência, e esta não serve para a bioconstrução de corpos. Aí é preciso renovar a chama ou não será possível continuar.

Devemos ver a preciosidade que é a pessoa que temos a nosso lado. Ver suas virtudes e não só os defeitos, e começar novamente.

Estamos sempre aprendendo.

Essas são as primeiras dicas, provavelmente você não entendeu exatamente como se faz a prática, mas deixe esse ensinamento aninhar-se em seu coração e em sua mente, que no devido tempo você receberá mais instruções.

Para que nasça uma nova pessoa em nós é necessário que a anterior morra (em defeitos psicológicos).

A morte mística, o desdobramento astral e a alquimia – essa que vimos agora – são as práticas que não devem ser substituídas por qualquer outra. São exercícios muito poderosos e importantes que devem ser valorizados e praticados com o esforço inerente à superação.

Igualmente, não podemos menosprezar a entrega destes ensinamentos às outras pessoas, pois faz a humanidade elevar-se, mostra amor, e recebemos pagamentos espirituais por isso. Por exemplo: nos facilita eliminar defeitos, estar conscientes em astral e receber mais ensinamentos. Tudo isso e muito mais desde que não tenhamos recebido pagamento físico ou monetário, senão que deve ser uma entrega gratuita.

Vocalização, ioga esotérica, conversas, música, ou o que for, podem desenvolver a concentração, trazer mobilidade, motivar-nos, alegrar a alma etc. Mas não têm tanto poder para nos nutrir interiormente, e por isso deve-se criar uma disciplina para praticar frequentemente o que é muito importante e não pode ser substituído nem menosprezado.

Tudo isso deveria ser ensinado na escola de uma forma construtiva, sem tabu, sem vergonha e sem fascinação. Se fôssemos instruídos corretamente, teríamos uma humanidade ascendente.

O ser humano é ilógico, quase néscio. Todos temos que morrer e a morte é extremamente importante, mas a maioria não quer nem pensar nisso. E assim é em relação à morte mística também.

O nascimento ou o sexo é importantíssimo, no entanto, é considerado um tabu ou se tem vergonha e não se ensina de uma forma construtiva.

O geral da humanidade trata a união sexual de uma forma baixa, sem carinho, sem amor... e muitos ainda o fazem com violência, o que pode danificar os órgãos e só leva o animal humano mais para baixo.

Se compreendêssemos e ensinássemos que a prática sexual pode nos alimentar física e espiritualmente e não deve ser feita de qualquer jeito ou só por prazer, já seria de grande valia.

Da mesma forma, a vida nos chegou gratuitamente, então nem tudo devemos cobrar. Às vezes o que fazemos gratuitamente e sem querer nada em troca nos traz mais alegria e saúde do que o valor monetário que poderíamos receber.

Talvez não se ensine isso tudo porque não se saiba. Então é hora de saber, pois estamos na Era de Aquário, era em que se investiga, tem experiências e fala.

Devemos falar no momento apropriado, é claro. Os alquimistas não ficam o dia inteiro falando de alquimia, azougue, magnésia, mercúrio, sol, lua, transmutação. Eles são sábios e, assim, se portam com maestria em todo tipo de conversa.

Ficar falando disso o tempo todo seria fanatismo, comportamento que não cabe na sabedoria nem na bioconstrução. É um exagero e nos conduz ao lado inverso ou ao erro.

Querer construir uma casa usando somente o que é reciclável, tendo outros materiais à mão, pode ser danoso. Cultuar o corpo comendo só o que combina ou ficar horas fazendo exercícios para ter o corpo perfeito pode ser prejudicial. Falar de concentração o tempo todo e não praticar é incoerente (então é melhor praticar e não falar). Não tomar um remédio realmente precisando é insensatez. Não ajudar um amigo que está doente por pensar que tudo é Carma é outro fanatismo.

Da mesma forma, os Mestres, os alquimistas ou guias da humanidade, ainda que tenham muitos valores religiosos, não fazem poses de santos, não ficam dizendo frases sublimes e não dizem que são Mestres. São naturalmente humildes e agem de forma normal. Geralmente nem percebemos que são Mestres. Quem faz pose de santo gosta de ser chamado de mestre, e comumente se intitula com nomes da mitologia ou de livros sagrados, são seres chamados de mitômanos, ou seja, os que se acham grandes (mas são ocos por dentro, não têm a sabedoria de alguém que bioconstruiu seu corpo), da noite para o dia dizem "sou fulano" e vêm com coisas estranhas. Investiguemos e, em dúvida, fujamos desses.

É muito perigoso seguir pessoas, pois podemos cair – ou sermos conduzidos – no erro deles. Seu Mestre verdadeiro, o que deve ser seguido, está dentro de você mesmo. O que se precisa é fazer as práticas para que o Mestre interior esteja próximo.

Ainda há outros que se fingem de alquimistas. São pessoas incentivadas por algumas instituições que, devido a uma música ou a algum ritual, de repente mudam a voz e se dizem ser algum dos guias da humanidade. Grande engano. Um guia da humanidade jamais vai se manifestar no corpo de outra pessoa. O corpo é um templo intocável e nele deve se manifestar somente a consciência do dono do corpo. Quando um guia quer se manifestar no mundo físico, ele primeiro envia sua essência, que vai ganhar um corpo de carne (um bebê). Ela (a essência) bioconstrói seu corpo para depois manifestar seu Mestre interior. Esses que momentaneamente "viram" fulano de tal são impostores. Fujamos desses e das instituições que os incentivam.

Precisamos do equilíbrio, da sensatez e da saúde.

Reflitamos e adotemos as instruções do grande médico, astrólogo, teólogo, filósofo e alquimista Philippus Aureolus Theophrastus Bombastus von Hohenheim, conhecido como Paracelso:

1. *Não há nada melhor que a saúde. Para fazer isso, deverás respirar com a maior frequência possível, profunda e ritmicamente, enchendo bem os pulmões ao ar livre ou defronte a uma janela aberta. Beber cotidianamente a pequenos goles dois litros de água pelo menos, comer muitas frutas, mastigar bem os alimentos, evitar álcool, fumo e medicamentos, salvo em caso de moléstia grave;*

2. *Banir absolutamente do seu humor, por mais razões que existam, qualquer ideia de pessimismo, ressentimento, ódio, tédio, tristeza, vingança e pobreza. Trate como praga e fuja de todas as ocasiões para lidar com as pessoas que murmuram, fofoqueiras ou vaidosas. A observância dessa regra é de importância*

decisiva: trata-se de mudar o contexto espiritual de sua alma. É a única maneira de mudar seu destino, porque isso depende de nossas ações e pensamentos. A chance não existe;

3. *Faça todo o bem possível. Mas você deve cuidar de suas próprias energias e fugir de todo sentimentalismo;*

4. *Esqueça todas as ofensas e ainda mais: esforce-se para pensar bem do maior inimigo. Sua alma é um templo que nunca deve ser profanado pelo ódio;*

5. *Você deve se levantar todos os dias sem que ninguém possa incomodá-lo, nem que seja por meia hora, sentar-se o mais confortavelmente possível com os olhos semicerrados e não pensar em nada. Isso fortalece fortemente o cérebro e o Espírito e coloca você em contato com boas influências;*

6. *Você deve manter um silêncio absoluto de todos os assuntos pessoais. Abstenha-se, como se tivesse feito um juramento solene, de se referir a outras pessoas, até o mais íntimo de tudo o que pensa, ouve, sabe, aprende, suspeita ou descobre. Por um longo tempo, pelo menos, você deve ser como uma casa murada ou um jardim fechado. É uma regra muito importante;*

7. *Nunca tema os homens ou inspire-se a se assustar com o amanhã. Mantenha sua alma forte e limpa e tudo dará*

certo para você. Nunca pense em si mesmo sozinho ou fraco, porque existem exércitos poderosos atrás de você que nem imagina em sonhos. Se você elevar seu espírito, não haverá mal que possa tocá-lo. O único inimigo que você deve temer é você mesmo.

Bioconstruindo nossos corpos – nascendo –, estaremos juntos ao nosso Espírito e próximos da felicidade. Teremos vivenciado o casamento das almas gêmeas (internas). Farão sentido para nós outras coisas que não as materiais.

Prepare-se. Vá em frente!

Faça amor com a(o) esposa(o) e guerra contra você mesmo*.

Defeitos na construção do(s) corpo(s)

Os mestres do ramo da ciência, arte, filosofia e mística nos ensinam que o corpo não é perfeito no primeiro nascimento (o corpo de carne que ganhamos dos nossos pais físicos), então temos que nascer uma segunda, uma terceira e uma quarta vez por meio da bioconstrução a ser feita durante a vida.

O primeiro nascimento utiliza impulsos lunares, o segundo nascimento se dá com a energia solar, com fogo. O terceiro lida com ouro, o quarto trabalha com luz, e depois disso pode-se fazer mais.

---

* Referência ao pensamento "faça amor não faça guerra", de Olga Fikotová.

Todo o nascimento se dá pelo sexo, mas no segundo é preciso a preparação para ter uma energia melhor. Com a preparação diminuímos ou eliminamos as características que danificam muito a nossa energia, o que torna possível ter energia com qualidade para fabricar o corpo, mas ficam muitos processos malfeitos e características ruins em nós (os alquimistas chamam de mercúrio seco ou mercúrio arsenicado). Então, para a próxima fabricação é necessário trabalhar mais duramente para eliminar e consertar o que ficou. Se diz que: "Tem carunchos (ou cupins) no bambu (ou coluna) da sua casa", sendo que carunchos são defeitos psicológicos, "bambu" é a coluna vertebral e "casa" é o nosso corpo. É necessário trabalhar muito no autoconhecimento, na autoeliminação e no nascimento espiritual quando nos dizem: "Tire os carunchos do bambu e ilumine-o... eis a iniciação!"

A maioria da humanidade pensa que tem um corpo verdadeiro, quando na verdade só tem a carne que ganhou quando nasceu.

Quando se tem um corpo, ele nos obedece. Diferentemente do que temos agora, pois nós é que obedecemos a ele. Hoje ele é que nos tem. Temos que ter cuidado para não viver para a carne pensante que ganhamos. Lembre-se do trecho da música já citada: "Ontem ginete é hoje o cavalo".

> "DIGO A VERDADE: NINGUÉM PODE ENTRAR NO REINO DE DEUS SE NÃO NASCER DA ÁGUA E DO ESPÍRITO. O QUE NASCE DA CARNE É CARNE, MAS O QUE NASCE DO ESPÍRITO É ESPÍRITO. NÃO SE SURPREENDA PELO FATO DE EU TER DITO: É NECESSÁRIO QUE VOCÊS NASÇAM DE NOVO."
> (JESUS, O CRISTO EM JOÃO 3, 5-7)

CONSCIÊNCIA

Bioconstruindo a alma

3

Dizem que existe o otimista, o pessimista e o realista, sendo que o otimista é aquele que não faz nada, só acredita que vai dar certo; o pessimista não faz nada e acredita que não vai dar certo e o realista examina as condições e os dados para dizer que vai ou não dar certo. Eu acho que além desses três, que normalmente não servem para nada, existe uma pessoa imprescindível, a que age. A que faz todos os esforços e além. Aquele que vê que a vida só termina quando não for possível fazer mais nada.

Enquanto você estiver respirando, lute! Se vai dar certo ou não, só saberemos no final. Não podemos desistir, temos que agir sem pensar na derrota ou vitória enquanto nenhuma das duas aconteceu ainda.

Sempre existem alternativas.

Um pouco de reflexão e continuidade ajudaria muito.

Se examinarmos o mundo hoje, vamos ver uma quantidade imensa de lixo no mar, nos rios, nos bueiros, nas ruas. Sinal de que nossa consciência precisa ser desenvolvida pela ação daquela que é imprescindível: a própria consciência.

Voltemos à lenda da Lâmpada de Aladim e com alguma observação, vamos notar que esta é uma parábola que nos ensina muito, veja que é necessário esfregar a lâmpada para que dela saia o gênio poderoso.

Essa Lâmpada é nossa psicologia, nosso corpo e nossa casa. Ao eliminarmos essa sujeira que está nos tornando opacos, nossa casa brilha, nosso corpo responde como deveria e nossa consciência genial e poderosa pode iluminar o mundo.

A consciência se desenvolve ou se expande com um esforço próprio (e às vezes com um superesforço) para tirar a sujeira que se acumulou sobre si mesma, a qual bloqueia o seu brilho, fazendo-a projetar coisas irreais como se estivesse usando óculos coloridos.

Removendo esses óculos ou sujeira, a vida tem outros matizes e fica leve e real. Nesta bioconstrução, não há trabalho material, senão que é totalmente espiritual. A consciência se expande com a preparação necessária para construir os corpos, conforme vimos no capítulo anterior.

Sem esse esforço de esfregar a lâmpada, repetimos – ou pioramos – os mesmos erros de nossos pais e que eles repetiram dos pais deles... e ainda acumulamos novos erros.

Existem muitos outros sinais de que a consciência precisa ser expandida. Esses sinais podem ser facilmente vistos no mundo exterior e, consequentemente, também devemos investigar e eliminar do nosso interior:

- Tratar mal, ainda que verbalmente ou em pensamentos, os filhos, outras pessoas ou animais;
- Sentimentos de racismo e discriminação de pessoas;
- Brincadeiras para rebaixar outra pessoa;
- Reclamar de tudo. Cuidado! Quanto mais a gente reclama, mais vibramos de acordo com a reclamação e, com isso, o universo dá mais daquilo que estamos vibrando, ou seja, mais motivos para reclamarmos;
- Estar sempre desanimado;
- Não ter continuidade no que se faz;
- Descaso com a casa (falta de manutenção);
- Fantasiar situações ideais;
- Estar sempre criticando alguém ou algo;
- Debochar ou querer o mal dos outros;

- Pensar mal de outra pessoa;
- Pequenas ansiedades ou nervosismos, como estar nervoso antes de uma prova ou uma reunião;
- Achar-se mais (ou menos) do que os demais;
- Rejeitar-se;
- Estacionar o carro de qualquer jeito ou não ligar a seta, atrapalhando os outros;
- Fofocar ou caluniar os demais;
- Furar fila – ou pensar em furar;
- Chegar sempre atrasado para os compromissos;
- Deixar o carrinho de supermercado nas vagas de carros, não o retornar ao seu lugar, ou deixá-lo no meio do corredor enquanto se faz as compras, atrapalhando os outros compradores;
- O exagero de que tudo tem que estar em seu lugar.

Enfim, esses são uns poucos exemplos, pois existem milhares ou centenas de milhares de situações que mostram que a nossa consciência neste momento é pequena e deve ser expandida... Só a consciência pode nos orientar o que é correto naquele momento.

Claro que são só exemplos e devem ser verificados se existem em nós. Não estamos para julgar outras pessoas, o que queremos é utilizar exemplos que vemos no mundo para observá-los em nós. Não vamos mudar outras pessoas. Queremos mudar a nós mesmos.

Você pode achar que são os outros e não você que tem isso. Então devo dizer que nós somos parte da humanidade e, assim, é muito provável que tenhamos, ainda que escondidas ou de forma menor, as características de toda a humanidade.

Nós somos a humanidade. Temos em nós o geral dos seres. Se a humanidade é má é porque nós o somos também. Teríamos que observar muito em nosso interior para dizer que não temos mesmo tal característica.

Então você pode me dizer que tem alguns dos defeitos anteriores em grau normal de um ser humano. Eu vou dizer que não é normal ter isso. Tornou-se normal porque é abundante, mas isso acontece porque estamos em uma humanidade decadente.

Algumas áreas – como a tecnologia e a ciência – estão em expansão, mas não quer dizer que a consciência esteja também. No passado, a pessoa dizia tal coisa e era verdade, enquanto hoje, nem observando a cena e escutando da própria pessoa saberemos se podemos confiar. Não se tem palavra e nem consciência.

Alguém pode achar que não mataria outra pessoa, no entanto, em alguma situação em que o prejudicam, esse pode dizer "vou te matar!" ou "vou mandar te matar!". Ah! Então um pensamento existe. Matar ou mandar matar realmente só quer dizer que o erro ou falta de consciência ficou muito maior ou conseguiu chegar ao mundo físico, mas se existe uma vontade mínima, um erro pequeno ou mesmo uma semente, poderá existir algo bem grande no futuro.

Esses defeitos são como as raízes da árvore perto da nossa casa que citamos nos defeitos na construção da casa. Essas raízes físicas e psicológicas podem facilmente destruir nossa consciência, nosso corpo e nossa casa mesmo quando pequenas.

Não importa se a pessoa rouba pouco ou bastante, roubo é um erro e deve ser eliminado por meio desse trabalho de expansão da consciência.

Em todas as situações anteriores, se, por esforço próprio, a pessoa revisar suas atitudes e chegar à conclusão de que fez algo errado, então terá dado um enorme passo para que a consciência possa brilhar. Se a pessoa em questão refletir e for compreendendo que a atitude prejudica, faz sofrer, que não é atitude digna de um ser humano, etc., algo começará a não querer que ela faça isso novamente. É a consciência.

Há vezes em que, ao nos darmos conta de um erro, levamos um choque suficiente. Outras vezes, é preciso mais compreensão. A compreensão é elástica e talvez seja necessário refletir muitas vezes para aprofundar e nos convencer de que a nossa forma de entender aquele assunto deve ser mudada.

Com isso, poderemos mudar nossas atitudes, o que é muito importante, mas para eliminar radicalmente o pensamento, sentimento e vontade, deixando até de sonhar com aquilo, será necessário a pessoa se voltar para dentro de si e pedir (ordenar) para uma energia consciente muito poderosa que temos e vimos no capítulo anterior: a Mãe Divina, para que ela elimine essa sujeira ou defeito psicológico que faz com que a pessoa aja, sinta ou pense aquilo.

Se esse defeito psicológico que faz uma atitude errada for forte e estiver arraigado dentro de nós, pode demorar um pouco, mas ele vai perdendo forças até desaparecer.

Se for fraco, com um pouco de compreensão, praticamente fica num lugar oculto de nossa psique. Se, além da compreensão, ordenamos para a Mãe que o elimine, com pouco esforço ele deixa de existir.

Se for bem fraco, um pensamento bobo, por exemplo, ao ordenar à Mãe Divina com a certeza de não ter mais aquilo, o defeito morre e não volta a existir. Podemos criar uma característica negativa parecida com aquela, mas se estivermos atentos, não voltaremos a criar nada. Estaremos livres daquilo.

Isso é expansão da consciência!

Você não veio até aqui para desistir agora[*], então vamos

---

[*] Referência à música "Até o fim", dos Engenheiros do Hawaii (2003).

supor que você concorde comigo e não queira ser otimista a ponto de acreditar num futuro melhor sem fazer nada – acreditar que vai deixar de ser preocupado(a) sem fazer nada para deixar de ser, por exemplo.

Supomos que você não aceite ser pessimista também – que não pense que no futuro você será um(a) idoso(a) ranzinza e pronto. E da mesma forma não aceite a ideia do realista limitado que diz que é assim e ponto.

Então você será o que age.

Assim, você viu as instruções de Paracelso citadas no final do capítulo anterior e resolveu segui-las:

- Começou a respirar profunda e ritmicamente, enchendo os pulmões sem pensar em outra coisa, pretende ficar meia hora assim, mas em minutos você já acha monótono e não quer mais fazer essa prática. Se observar tudo isso, vai perceber que algo está agindo dentro de você – chamemos de "eu dinâmico", o que quer estar sempre em atividade e fica incomodado por estar parado. Se você não se identificar com a situação, ou seja, souber que ele (o defeito) não é você e não se deixar levar pela situação, poderá desaprender a agir, pensar e sentir assim para continuar sua prática com tranquilidade. "Desaprender", olhe que interessante. Para desaprendermos ou nos livrarmos do "eu dinâmico", ao notarmos a sua ação, pedimos (ordenamos) para a Mãe que o desintegre;

- Você resolveu que a partir desse momento irá comer devagar, mastigando o alimento da forma mais perfeita possível e com concentração no que está ingerindo. Ótimo, mas provavelmente sua disciplina não vai durar até o final da primeira refeição, pois estamos acostumados a comer recebendo impressões variadas, seja da televisão, das pessoas etc., e falando bastante. A televisão geralmente nos passa impressões ruins: um assalto, violência, acidentes, maus-tratos de animais... é necessário focar no alimento, sem dar ouvidos e olhos a essas impressões ou não se identificando com elas, porque interferem na absorção do nosso alimento. Então aí já teremos uma característica nossa – ou várias – que quer se identificar com a TV e estragar a nossa disciplina de comer devagar, e assim, teremos que pedir para a Mãe eliminar essa ou essas características. E Ela vai eliminar cada manifestação e nos dar consciência.

Depois, outras características nossas vão querer comer mais rápido, e aí, temos que ganhar consciência observando o "eu" apressado ou acelerado, e ordenando: "Minha Mãe, desintegra isso!". E assim será. Com continuidade, se é favorecido pela memória-trabalho, esta vai nos sinalizar quando temos algo querendo quebrar nossa disciplina;

- Você decide seguir a lei número dois do Paracelso e não pensar em pobreza. Muitos temos o "eu sou pobre", que é aquele que se sente assim e assim será, ainda que tenha dinheiro (este defeito existe em todas as classes sociais). Quando surgirem essas ideias de que não é capaz, não tem direito, não nasceu para isso, que "as coisas são difíceis para mim", que "quando eu acho um ovo, é podre", que a crise está grande, etc., teremos que observar e tratar como um intruso esse "eu sou pobre" e ordenar: "Minha Mãe elimina isso (não precisa chamar com um nome)!". A consciência se expandirá e a pessoa se colocará em equilíbrio com a balança universal que permite ter mais do que o necessário e usufruir se quiser. Além disso, ela se sentirá muito melhor sem o defeito;

- Você vai seguir mais um conselho dele e chega à conclusão de que o sentimentalismo é um veneno, e deve implantar uma disciplina de não mais manifestar isso. Quando o sentimentalismo surgir, você vai pedir: "Desintegra isso!". E estará livre naquele segundo daquela manifestação. É possível que surgirão outras parecidas em um espaço de tempo curto, então você vai pedir para que seja eliminado esse novo intruso e assim avançará;

- Você resolve não mais falar de terceiros. Essa decisão não é aceita pelos exércitos de seth e então virão muitos e muitos pensamentos e sentimentos que querem contar para fulano(a), virão um por vez e nós vamos eliminá-los um a um, com a ordem: "Elimina esse defeito!". E será um a menos. E nossa consciência estará saindo da garrafa em que a colocamos anteriormente;

- Você quer ficar, ao se levantar, meia hora sem pensar em nada, mas muitas de nossas faces vão querer pensar, e para manter nossa disciplina, teremos que ordenar: "Elimina esta face!", e assim seguir com a disciplina mais um lapso de tempo.

Você não é fraco. Você pode.

O único a temer é continuar como estamos internamente. E isso acontece se desistimos ou nos achamos fracos e deixamos este trabalho para um futuro – que não chegará.

Pelo autoconhecimento, aprendemos que vivemos grande parte da nossa existência com cerca de 3% de consciência livre, mas adormecida pelo grande número de pensamentos, sentimentos e vontades que não são dela. Essa sujeira que se acumulou ao redor da consciência é capaz de comandá-la como se fosse um ímã que grudou num pedaço de metal. Mesmo que o metal queira ir para um lado, o ímã o faz ir para outro.

Assim somos nós, a nossa consciência quer ir para um lado e fazer algo, mas o defeito nos conduz a outro lado e impõe que façamos uma coisa diferente.

Esse ímã dentro de nós comanda e aprisiona o que temos de melhor, a nossa essência; assim, geralmente, cerca de 97% do que temos de melhor precisa ser libertado por meio desse trabalho de expansão da consciência.

Depois de libertada a essência, ela se torna consciência, mas ainda está adormecida e precisa ser despertada para que brilhe com todo o esplendor e nos faça felizes. Isso se faz com a meditação.

A meditação desperta aquela porcentagem que temos livre de sujeira e aquela que libertamos dos defeitos. Com o eliminar de novos defeitos descobertos, recorremos à meditação para despertar essa nova porcentagem que adquirimos e assim seguimos.

No capítulo anterior, vimos a necessidade de desenvolver a concentração. Essa concentração, que desenvolvemos antes, agora será necessária para chegar à meditação, já que da concentração para a meditação existe pouco esforço, bem pouco.

Com a concentração, reduzimos a um ponto toda a nossa atenção (atenção plena em algo, seja uma cena, uma pessoa, um animal, um objeto) e a meditação vem com o eliminar desse ponto.

Meditação é o que existe depois do vazio. É o que não se descreve, senão que se sente e vibra na pessoa.

Para chegar à meditação, não é requisito adotar alguma postura especial: pode ser feita sentado(a) ou deitado(a), com pernas cruzadas ou não. O necessário é relaxamento e concentração.

Existem várias técnicas para chegar à meditação, vejamos, a seguir, algumas:

Com concentração no som da pineal (aquele iiii agudo ou o som do grilo que existe no centro de nossa cabeça). Se a pessoa fizer as vocalizações das vogais, explicadas no capítulo anterior, por algum tempo, isso vai dando condições de aprofundar a concentração.

Depois se concentra no som da pineal e, sem perceber, poderá estar em um mundo diferente – não é como um sonho, é um mundo em que a pessoa não está, ela é. Durante a experiência, se ela colocar o foco em algo, se sentirá o algo, seja o que for.

Assim, estará tendo uma experiência fantástica em que receberá uma informação juntamente com uma sensação preciosa para o caminho interior. Viverá algo que lhe traga muito ânimo e que faça ver que este é um ensinamento verdadeiro.

Outra técnica é com um *Koan*, que é uma cena ou frase enigmática que precisa ser decifrada; nos concentramos e imaginamos o que for preciso para resolver esse enigma. Obviamente, precisaremos nos sentar ou deitar em uma posição confortável, relaxar o corpo, e exercitar toda a nossa concentração.

Se a mente disser que não existe resposta, ignore. Queremos a resposta ou decifrar o problema.

Várias filosofias de vida existentes no mundo nos ensinam *Koans*, e desses, escolhemos algum para a nossa prática; por exemplo, um deles é assim: "Se deres a tua carne para a tua mãe e os teus ossos para o teu pai, com quem tu ficas?"

Outro: "Se batemos as duas palmas, produz um som, que som produz só uma palma?". Bata palmas algumas vezes e depois passe só uma palma, como se fosse se chocar na outra, e escute. Reflita. A mente pode dizer que não há som. Descarte a resposta. Escute.

Adormeça tratando de escutar este som que é produzido por uma só palma da mão.

Não se preocupe com o tempo. Você estará ganhando, e não perdendo, tempo.

Mais um: "Quem nasceu primeiro: o ovo ou a galinha?" Neste caso, volte mentalmente no tempo até onde precisar para trazer a resposta.

Mais outro: "Se todas as coisas se reduzem a unidades,

a que se reduz a unidade?" (se temos três livros, podemos reduzir a um. Este podemos reduzir a partículas menores até que fique uma unidade novamente. Então, a que se reduz a unidade?).

Quem sabe, vamos utilizar, para nossa prática, a Esfinge antiga que nos abre a porta dos mistérios? Vejamos:

Chega a sua frente um animal com a seguinte forma: rabo e patas traseiras de touro, patas dianteiras de leão, asas, cabeça humana com uma coroa de nove pontas. A Esfinge traz o enigma: "Decifra-me ou te devoro".

Você é capaz de decifrar?

Não importa quanto tempo vai levar a prática, nem quantas vezes vai fazer. Traga o resultado. Nesta busca, você encontrará muito conhecimento.

Podemos utilizar uma cena à beira de um precipício: "Que faria você para não morrer ao aparecer instantaneamente numa árvore gigantesca, pendurado pelos dentes numa corda, com as mãos e os pés amarrados?".

A mente trará muitas respostas ridículas. Com a lógica, descarte cada uma e continue buscando.

Num dado momento, a concentração será profunda e abrirá o espaço para a consciência não ficar limitada ao corpo, senão que ela irá investigar no seu mundo original e isso é o que chamamos meditação.

Detalhe: ela (a consciência) vai investigar sobre o que ela quiser e não necessariamente sobre o motivo da nossa concentração.

Leve em conta que somos praticantes, então, temos que nos acostumar e talvez fazer muitas vezes até atingir o resultado esperado. E esse resultado virá depois de termos a concentração como algo treinado e desenvolvido.

Uma prática muito legal e bem simples é deitar ou sentar e escutar o que você quiser (sons internos do corpo, da natureza, de um carro, etc.), mas manter uma vigilância nos pensamentos que virão. Quando surgir um pensamento, diga mentalmente que não quer pensar em nada no momento ou peça que a Mãe elimine esse intruso. Intencionalmente tire cada um dos pensamentos que surgirem e, com isso, ficará temporariamente sem pensar em nada e concentrado(a) no som que escolheu.

Aos poucos, a concentração vai se aprofundando e você vai entrando num estado diferente. Continue vigiando-se e tirando qualquer pensamento que nesse momento poderá vir acrescido de cenas na tela mental.

Com essa prática simples, você dará uma "carga rápida na sua bateria" e poderá sair em astral conscientemente ou chegar na verdadeira meditação.

Pede ser feita em casa, num carro, num avião, num ônibus, etc.

Experimente!

Mais uma técnica: concentração no coração. Comece com a prática utilizada para desenvolver a concentração, que é o foco no coração: sente ou deite em uma posição confortável, relaxe e sinta o pulsar do coração por longo tempo. Imagine o coração. Pense no coração. Quando estiver com toda a atenção no coração, ordene-se mentalmente, assim: "Eu não busco o coração nem nada disso, fora!", e mova a imagem ou vídeo que está na tela mental para o lado, com uma mão imaginária.

O resultado é a meditação, uma experiência inesquecível que descansa mais que o sono (os cientistas dizem que descansa cinco vezes mais). Mudará sua forma de pensar, despertará a consciência e ainda trará muito aprendizado.

Todos podem. Pratique. Vale o esforço.

Quanto mais praticar, mais fácil se tornará.

Com o resultado da prática, sua visão de mundo se transformará e algo que parece importante agora perderá o sentido, enquanto algo que não tem importância ou é um *hobby* se tornará o mais importante de sua vida.

Infelizmente, muito raras são as pessoas que estão dispostas a fazer esse esforço, tendo continuidade para gerar concentração e chegar à meditação verdadeira. A maioria se divide em otimistas, pessimistas e realistas. Raros estão dispostos a revisar as próprias atitudes, modificando o que precisar, para bioconstruir.

Espero que você seja um desses poucos. Se não for, crie em você mesmo essa raridade de pessoa! Tudo se pode modificar com o foco, a paciência e a determinação.

A quase totalidade da humanidade atual não sabe e prefere ignorar que em sonhos são mostrados a cada um(a) números, palavras e imagens que carregam um grande significado sobre o passado, o presente e o futuro seu mesmo e de outros que possam ser ajudados. Tudo é mostrado pela Grande Lei que organiza o universo por meio de símbolos e charadas que temos que decifrar com o aumento da luz, ou seja, temos que construir mais consciência e despertá-la.

O número 13 ou a imagem de um ataúde nos indica uma mudança radical, um tempo de colheita da Lei, a necessidade de eliminar algo. A imagem de uma flor do tipo copo de leite pode nos indicar a necessidade da união do homem e da mulher. Um carro, uma bicicleta ou um sapato pode nos indicar muito sobre o caminho místico interior no qual andamos – caminho que geralmente se chama erroneamente de evolução.

Digo erroneamente porque evolução é algo que acontece mecanicamente e o nosso caminho interior não tem nada de mecânico, senão que é uma revolução da consciência, é algo que tem que ser provocado com muitos esforços e superesforços ou não acontece.

Instituições que falam que vamos evoluindo até a perfeição nos induzem a pensar que, façamos ou não o esforço necessário, teremos uma evolução. Esse conceito só nos leva a ter mais preguiça. São necessários todos os esforços de uma revolução – a revolução da consciência – para conseguirmos nosso objetivo.

Esse esforço necessário deve começar já, para que nossa vida tome rumos diferentes dos atuais e nossa consciência possa investigar os mistérios do universo e atuar de acordo com a vontade dela.

O universo – ou o que está por trás dele – gosta de nos dar enigmas ou trocar letras de palavras para nos dar uma mensagem. Podemos receber uma mensagem em sonho, dizendo que temos que deixar de ser *odonistas*, e acordamos com a inquietude de uma palavra desconhecida vibrando em nós.

Com a intuição, com a concentração e às vezes com a ajuda da Internet (cuidado, essa forma pode nos conduzir ao erro), podemos entender que se referia à palavra hedonista, que é quem cultiva somente o prazer.

Outro exemplo: podemos ter que escrever a mensagem: *RS 6 Vostígeo* e teremos que decifrar as letras, o número e a palavra. Por exemplo: a palavra pode se referir a vestígio, ou seja, deveremos deixar pegadas.

Mais um exemplo: podemos receber, em sonhos, uma palavra em outro idioma – talvez um idioma que não conheçamos – e, ao acordarmos, se não temos intuição desenvolvida, ficaremos intrigados talvez por dias ou meses.

Com concentração, a intuição e pedidos ao Pai ou Mãe para que nos ajudem a interpretar ou que mostrem de outra forma, vamos descobrir que se trata de uma marca de roupa naquele idioma. Então teremos que descobrir o que a Grande Lei simboliza com uma roupa para nós naquele momento.

Pode simbolizar uma existência, uma pessoa, um corpo etc. Se for um manto, pode ser proteção, neste caso, devemos observar se no sonho nos foi dado ou nos falta. Esse contexto é essencial para compreender o significado.

A Grande Lei nos indica algo e cobra o despertar da consciência, que é o mais importante sempre. Ela nos dá uma tarefa e temos grande benefício quando entendemos e cumprimos.

Mas querer entender é algo que não é para muitos e cumprir é para poucos.

Esteja entre os poucos. Discipline-se!

Quando sua vontade for maior que a preguiça ou qualquer outro defeito, a tarefa se tornará algo natural.

Se você **desenvolve a concentração**, terá um poder gigantesco em seu interior. Entre os benefícios, estão: obter as informações do que quiser, ativar os *chakras*, saber o que se passa em um lugar distante, investigar o chamado "mundo dos sonhos" – porém você não estará sonhando, mas ficará consciente, e poderá aprender junto aos Mestres da humanidade. Terá facilidade para aprender. Desenvolvendo a concentração, você poderá tanto quanto quiser.

Se você realmente se dedica a observar, analisar, refletir, **morrer em erros** e transformar a si mesmo, com paciência e determinação, manterá sua mente serena, não desperdiçará energias, cultuará a alegria, fará brincadeiras sadias, terá grandes privilégios concedidos pela Grande Lei e, enfim, será feliz.

Quem **bioconstrói seus corpos por meio da união sexual com seu cônjuge** poderá conhecer e investigar profundamente outros mundos que estão aqui, mas com outra vibração, de forma que a maioria das pessoas não conhece.

Por exemplo: os Mestres nos falam de uma quarta dimensão ou mundo da energia vital para onde foram aviões, navios e objetos desaparecidos. É também o mundo dos gnomos, silfos, sílfides, salamandras, nereidas, ondinas etc.

Além da quarta, existe a quinta dimensão, que está relacionada aos sentimentos e pensamentos. Nessa dimensão, acontecem coisas fantásticas como voar e conhecer os mais diversos lugares com rapidez impensável, por exemplo: o Tribunal da Justiça Divina.

Nesta quinta dimensão, se pode estudar uma existência atual ou anterior e todos podemos ir para essa dimensão conscientes, apenas treinando a concentração, ou seja, nem é necessário criar corpos para isso, embora ao criar o corpo se possa investigar mais.

A meditação nos leva para uma dimensão além do mundo dos sentimentos e pensamentos, chamada de sexta dimensão ou mundos eletrônicos.

As dimensões estão todas aqui, mas cada uma tem sua vibração. Existe uma dimensão além do mundo da meditação, e se olharmos assim, veremos que o universo é cheio de possibilidades para serem exploradas por nós, se começarmos pela concentração e logo passarmos à meditação, para depois aprofundá-la.

Quem medita continuamente está além da moda e das tolices que fascinam a maioria das pessoas. Conhece as verdades ocultas da humanidade em geral e segue seu próprio Ser, e não o que os outros ou uma religião disseram. A religião universal está dentro dele(a) mesmo(a). É um ser que entende a simbologia mostrada em sonhos, entende a vida, entende seu corpo. Vive uma vida diferente.

Com estas quatro atividades – concentração, eliminação de defeitos, nascimento dos corpos e meditação –, chegamos à síntese.

Quatro são as atividades da síntese, quatro são os pilares do conhecimento (ciência, arte, mística e filosofia), quatro são os elementos da natureza (terra água, fogo e ar). Veja quantas vezes falamos no número 4 até aqui. E este livro tem quatro capítulos. A Lei Divina nos mostra o número 4 em sonhos ou no dia a dia quando nos orienta a trabalhar na base, na preparação. A base deve ser forte para sustentar algo grande.

O 4 nos é mostrado também para indicar materialismo e discussões que não levam a nada (falta base). É o afirmar, negar, discutir e seduzir agindo juntos. Afinal, são muitos os significados e precisamos conquistar a intuição que permite entender cada um dos números chamados arcanos. Em todo o caso, com as quatro atividades, chegamos à síntese.

Se reduzirmos ainda mais essa síntese, restará **o essencial para o momento atual e este é o desenvolver a concentração (incluindo a busca de consciência nos sonhos) e a eliminação dos defeitos.**

Comece pelo essencial.

Quem trabalha assim se converte em um Mestre, um guia da humanidade com 100% de consciência livre e totalmente desperta. Vindo a brilhar em sabedoria e trazendo novos conhecimentos para o mundo.

Com isso, a consciência se converte em alma, os corpos resplandecem e concluímos a Grande Obra de que nos falam os alquimistas medievais.

Isso não quer dizer que não possamos continuar nosso caminho interior além disso.

Sempre há o que melhorar.

Junte-se a esta busca de resgate de consciência, comece

disciplinando-se e eliminando o apocalipse, para que apareça o céu no seu interior. Seja o céu!

Elimine pensamentos e sentimentos intrusos.

Faça uma coisa de cada vez e com atenção.

Desenvolva a concentração.

Torne seus sonhos conscientes.

Medite.

Assim, sua vida se transformará.

Avante!

Defeitos na construção da alma

Alguém a quem devo muito ensina que esse esforço é como lavar uma roupa em que se esfrega e depois olha para ver onde ficou sujeira, voltando a esfregar em seguida.

Então, exatamente como fazemos ao construir nossa casa e nosso corpo – ou nossos corpos –, temos que fazer um outro esforço mais adiante com a nossa alma para eliminar a causa dos erros, a semente, para que possamos ser completamente livres e sem manchas.

Essa é uma fase bastante avançada e se constitui nos trabalhos de Hércules, o herói solar. Você é Hércules e os trabalhos dele são interiores.

Esses "carunchos" são mais sutis, mas também causam danos. Ainda vale o pensamento: "Tire os carunchos do bambu e ilumine-o!".

Mas isso veremos quando chegarmos lá, por hora, o que queremos com uma casa é um corpo onde nossa consciência transformada em alma se expresse.

Bioconstrua-se!

"O HOMEM NÃO É APENAS UM CORPO MORTAL
E UMA ALMA,
MAS TEM O POTENCIAL
PARA SE TORNAR UM SER ETERNO, ESPIRITUAL,
QUE ESTÁ ACIMA DO COSMO VISÍVEL."

(PARACELSO)

Últimas frases sobre esta obra

É possível bioconstruir sua casa, seu corpo e sua consciência simultaneamente. Estão separados em capítulos apenas por motivos didáticos.

Como citado durante o livro, sou um estudante/praticante, uma pessoa comum, um descobridor de tesouros. O meu Pai interno é Mestre, assim como o seu Pai interno, leitor(a).

Sempre que foi citada nesta obra uma prática, ela foi ensinada por alguém que trabalhou muito sobre si mesmo para extrair os resultados e compartilhar com a humanidade. Apenas repassei. E assim também com várias explicações citadas, as quais não são minhas investigações, senão que as recebi, assim como você está recebendo agora.

Sempre haverá coisas que temos que descobrir.

Caso fique alguma dúvida sobre uma explicação ou você, leitor(a), queira deixar um comentário sobre o livro, pode utilizar o e-mail alexandre.autor33@gmail.com.

Este livro faz parte da humanidade e nele estão ensinamentos muito úteis, desde que levados à prática.

Todos podem bioconstruir sua casa, seu corpo e sua consciência recebendo ensinamentos diretos de seu Pai interno e observando, aprendendo com a natureza.

O real conhecimento está dentro de você, basta abrir a cortina com práticas místicas constantes. Vá em frente e continue!

Pelo exposto acima, não é devido nenhum valor de direitos autorais por esta obra escrita.

Renuncio aos direitos do autor por este livro, distribuído por meios eletrônicos e impresso.

Paz Inverencial!

"NO UNIVERSO, EXISTEM SÍMBOLOS QUE SOMENTE ALGUNS SÃO CAPAZES DE ENTENDER, VIBRAÇÕES QUE POUCOS PODEM CAPTAR E ENSINAMENTOS QUE SOMENTE OS BUSCADORES PODEM APRENDER, EMBORA TUDO ESTEJA À DISPOSIÇÃO DE TODOS."
(DO LIVRO 33 ANOS DESCOBRINDO ENSINAMENTOS)

GALERIA DE IMAGENS

Resultado físico

BIOCONSTRUINDO CASA, CORPO E CONSCIÊNCIA

Imagem 1

Imagem 2

Imagem 3

Imagem 4

Imagem 5

Imagem 6

Imagem 7

Imagem 8

Imagem 9

Imagem 10

BIOCONSTRUINDO CASA, CORPO E CONSCIÊNCIA

Imagem 11

Imagem 12

Imagem 13

Imagem 14

Imagem 15

Imagem 16

Imagem 17

BIOCONSTRUINDO CASA, CORPO E CONSCIÊNCIA

Imagem 18

Imagem 19    Imagem 20    Imagem 21

Imagem 22    Imagem 23

Imagem 24    Imagem 25

BIOCONSTRUINDO CASA, CORPO E CONSCIÊNCIA

Imagem 26

Imagem 27

Imagem 28

Imagem 29

Imagem 30

Imagem 31

Imagem 32

Imagem 33

Imagem 34

Imagem 35

Imagem 36

Imagem 37

Imagem 38

Imagem 39

Imagem 40

Imagem 41

BIOCONSTRUINDO CASA, CORPO E CONSCIÊNCIA

Imagem 42

Imagem 43

Imagem 44

Imagem 45

Imagem 46

Imagem 47

Imagem 48

Imagem 49

Imagem 50

Imagem 51

Imagem 52

Imagem 53

Imagem 54

Imagem 55

Imagem 56

Imagem 57

Imagem 58

Imagem 59

Imagem 60

Imagem 61

BIOCONSTRUINDO CASA, CORPO E CONSCIÊNCIA

Imagem 62

Imagem 63

Imagem 64

Imagem 65

Imagem 66

Imagem 67

Imagem 68

Imagem 69

Segue o QR code para ver as imagens pela Internet: